U0654800

媒介文化理论与传播

林丹菁◎著

Wuhan University Press
武汉大学出版社

图书在版编目（CIP）数据

媒介文化理论与传播 / 林丹菁著. —武汉：武汉大学出版社，2022.3
ISBN 978-7-307-22763-7

Ⅰ．媒… Ⅱ．林… Ⅲ．传播媒介－文化研究 Ⅳ．G206.2

中国版本图书馆 CIP 数据核字(2021)第 249718 号

责任编辑：黄朝昉　　　　　责任校对：孟令玲　　　　　版式设计：左图右书

出版发行：**武汉大学出版社**　　　（430072　武昌　珞珈山）
　　　　　（电子邮箱：cbs22@whu.edu.cn 网址：www.wdp.com.cn）
印刷：武汉乐生印刷有限公司
开本：787×1092　1/16　　　印张：11.75　　　　　字数：175千字
版次：2022年3月第1版　　2022年3月第1次印刷
ISBN 978-7-307-22763-7　　定价：56.00元

前　言

　　媒介文化在当今社会中扮演着重要角色,是一种多元文化的融合。一方面,不同领域的人可以参与到媒介文化的论辩中,将媒介文化与更广泛的社会实践结合起来,通过论辩让人们更好地认识媒介文化,将媒介文化深深植入生活之中,大众在媒介娱乐中确立自己的文化观念,形成了民主参与意识。另一方面,许多学者认为,以大众文化为核心的媒介文化,并不产生真正意义上的文化,正如德国哲学家阿多诺批判所谓的文化工业时的态度:文化工业的全部实践就在于把赤裸裸的营利动机投放到各种文化形式上,甚至自从这种文化形式作为商品为它们的作者在市场上谋生存的时候起,它们就或多或少地拥有这种性质。就今日中国而言,全球化社会的来临、新媒体的不断涌现,致使社会正发生急剧的变革,出现了社会价值观念日益多元、道德滑坡和信仰缺失的局面,这种局面不仅通过电视、电影和新兴的网络媒体形式表现出来,而且许多乱象也是由个别新兴媒体本身所引发。以电视、电影和网络新媒体为主的大众传播几乎左右了人们的日常生活和精神思想。因此,媒介文化的研究和构思显得十分必要。

　　本书对媒介文化的形成与现状、构成以及研究视角等方面进行了深入的探讨。不仅从研究者的视角对其进行整体构建,更重要的是对媒介文化的传播进行了深入的探讨。笔者认为,媒介文化既可以表示文化工业的产品所具有的性质和形式(文化),也囊括它们的生产、流通和消费的过程。因此,本书在一些章节中围绕经典文本历史解读、文化运动现象辨析以及一系列的媒介事件认知行为进行研究,讨论媒介文化的传播行为,例如,媒介文化的主体建构功能。

　　早在1997年,费孝通先生就提出了"文化自觉"的命题,我们的文化必定在传播中不断被赋予新的内容,逐渐地融入现在,成为"活着的传统"。媒介文化正是这新内容中的一支主流,无论对于个人还是人类群体来说,都相应地面临着重新建构的问题,本书正是试图针对这种重新构建做出一些可能有用的回答。

目　录

第一章　媒介文化理论的形成与现状

在当今世界,大众传媒的影响力是无与伦比的。从日常生活中的衣食住行到文化的表达,人们越来越离不开大众传媒。人们通过大众传媒获得信息、知识,也依赖大众传媒进行沟通和交流。美国哲学教授道格拉斯·凯尔纳(Douglas Kellner)在其《媒体文化》一书中宣称:当今文化在某种意义上就是"媒体文化","媒体文化"已经成为当代社会的主导文化,"它代替了精英文化的诸种形式成为文化注意力的中心,并对很多人产生影响。同时,媒体文化的视觉与口头形式正在排挤书籍文化。更有甚者,媒体文化已经成为社会文化的主导力量,它以图像和名流代替了家庭、学校和教堂作为趣味、价值和思维仲裁者的地位,制造新的认同榜样以及引人共鸣的风格、时尚和行为的形象等"。

虽然大众传媒在今天的影响力如此强大,凯尔纳也声称当代的文化在某种意义上就是媒体文化,但是人们对于媒体文化还是缺乏足够的了解,在许多人的眼中,由报纸、广播、电视和网络媒介所构成的大众媒体还算不上什么"文化"。本书试图改变这样的观念,对形形色色的当代媒体文化开展深入考察,分析一些主要媒体文化理论的来龙去脉,并借助于批判的媒介文化理论帮助人们理性地认识各种媒体现象。

第一节　大众传媒与社会变革

一、关于文化的观念变迁

文化和大众文化的概念是探讨媒介文化之前非常有必要了解的,那么,文化是什么? 此问题颇为复杂。英国著名文化理论家雷蒙·威廉斯

(Raymond Henry Williams)认为英文里面有两三个比较复杂的单词,其中有一个就是"文化"(culture)。"部分的原因是这个词在一些欧洲国家语言里,有着极为复杂的字义演变史,然而,主要的原因是在一些学科领域里以及在不同的思想体系里,它被当成重要的观念。"①戴维·钱尼(David Chaney)也指出:"文化这个概念很吸引人,但也常常令人迷惑,因为它被以不同的方式使用着。在不同的语言、不同的学术传统中,它的侧重点也各不一样。"② 文化的含义在不同的语言、不同的群体、不同的时代和社会环境中,总是不一样,故而文化这个概念较难把握,也不易理解。譬如一个大学生可以说一个农民没有文化,而在一个教授眼里,大学生则又意味着没有太多文化;在一些精英主义者眼里,20世纪以来兴起的电视、电影和流行歌曲等事物,不仅算不上是"文化",而且它们的出现降低了文化的品位,但另外一些人却又认为,文化包含在日常生活和大众传播媒介之中,精英阶层所坚持的那种"高雅文化"并不比电视、电影之类的通俗媒介具有更高的文化价值。以下是人们关于文化的几种常见观点。

第一,将文化看成一个有机整体。德国思想家斯宾格勒(Oswald Arnold Gottfried Spengler)把文化看成和人一样的存在,他认为文化是一个活生生的有机体,有生长、发育到死亡的完整过程。每一个民族都有自己的文化,此消彼长,有一些文化刚刚诞生,而有一些文化因衰老而死去。"每一种文化都有它的自我表现的新的可能,从发生到成熟,再到衰落,永不复返。"③英国历史学家汤因比(Arnold Joseph Toynbee)也持有这种观点,并且他认为人类历史上存在着21个文明社会,这21个文明社会此起彼伏,犹如潮起潮落,各种文化和文明之间不存在孰优孰劣。汤因比批判了那种自以为是的西方中心主义的思维模式,并指出,当我们西方人称呼一些人是"土著"的时候,我们就在对他们的看法中暗中剔除了

---

① [英]雷蒙·威廉斯. 关键词:文化与社会的词汇[M]. 刘建基,译. 北京:生活·读书·新知三联书店,2003:78.

② [英]戴维·钱尼. 文化转向[M]. 戴从容,译. 南京:江苏人民出版社,2004:2.

③ [德]奥斯瓦尔德·斯宾格勒. 西方的没落·上卷[M]. 齐世荣,译. 北京:商务印书馆,1991:39.

文化的色彩。我们把他们看作在当地大量滋生的野兽,我们只是在那里恰好碰到了他们,如同碰到了当地的部分动植物一样,而没有把他们看成和我们一样具有各种情感的人。只要我们将他们视为"土著",我们就可以消灭他们,或者更有可能像今天这样驯化他们,并真诚地(大概并非全然错误地)认为,我们正在改良品种,但我们从一开始就没有理解他们。

除了由于西方文明在物质领域所取得的世界性成功而产生的错觉之外,对历史统一性的误解——包括这样一种假设,即只有我们自己的西方文明这一条河流,所有其他河流要么是它的支流,要么就是消失在沙漠中的内陆河——还可以追溯出三个来源:自我中心的错觉;"东方不变"的错觉;进步是直线运动的错觉。

第二,将文化看作人类区别于自然的另一个世界。我国台湾地区的学者汪琪认为要对文化下一个最简单的定义,将世间的一切事物区分为"自然的"与"非自然的",其中"'非自然的'一类便属于'文化'的范畴"。在西方,文化的最初含义是指农业开垦和饲养家畜,后来文化脱离了它的自然含义,反而成了人与自然世界的差别。德国哲学家康德(Immanuel Kant)认为,动物的身体属于自然,是专门为自然而存在的,所以动物没有自由,但反过来,自然也保护动物,赐给动物以毛、锋利的牙齿或者翅膀,让它们冬天可以御寒,可以飞到很远的地方。而这些人类都没有,人类的身体不属于大自然,康德说人类是被大自然赶出去的动物,大自然不再保护人类。人类获得了自由,但同时又必须付出代价,要依靠织布、造房子来抵御寒冷,这样人类就逐渐摆脱了野蛮,具有了"文化"。自从有了文化,"人类的全部才智就逐渐地发展起来,趣味就形成了,并且由于连续不断的启蒙而开始奠定了一种思想方式,这种思想方式可以把粗糙辨别道德的自然禀赋随着时间的推移而转化为确切的实践原则,从而把那种病态的被迫组成了社会的一致性终于转化为一个道德的整体"。英国文化人类学家马林诺夫斯基(Malinowski)和美国文化人类学家鲁思·本尼迪克特(Ruth Benedict)也延续了这一说法,强调文化是对人类的"一种补偿",人类不能从自然中获得的东西,就通过文化获得。

第三,将文化视为人类文明的总称。这种观念把文化的概念等同于文明(civilization)的概念。美国社会学家约翰·汤普森(John B. Thompson)认为,大概在19世纪早期,文化一词基本上被看作文明的同义词。尤其是在法语和英语中,"文化"和"文明"这两个词经常交叉使用,都用来描述人类发展的一般进程。但在德语中,"文明"常常带有贬义,往往是指外表上的温文尔雅和文质彬彬,而"文化"则是褒义词,用于表达人们个性和创造性的智能、艺术和精神。而在今天,文明一词应用得更加广泛,各种有形的、无形的、精神的和物质的,都可以包含在文明这个词语中,人们经常互换这两个词语,如"东方文化"和"东方文明",往往表达的是同一个意思。

第四,认为文化代表着一种精神和价值观。这是精英主义的文化观念,在此观念下,文化不仅体现了人与自然的差别,而且意味着人与人之间有差别,英国的文化保守主义者马修·阿诺德(Matthew Arnold)是这一类文化思想的代表。在阿诺德看来,文化意味着"一种完美",人类历史中只有那些经典的艺术作品才能算得上是文化;而一些流行在日常生活中的,诸如传统的民间说唱艺术,以及20世纪初期伴随着城市兴起的广告、流行音乐、电影和通俗电视剧都算不上是文化。这种文化观念长期以来在社会中占据着主导地位。

第五,将文化看成"一些由人自己编织的意义之网"。这是符号学家对于文化的理解。美国著名的文化人类学家克利福德·格尔茨(Clifford Geertz)便是这一文化观的代表,他主张从符号学的角度理解文化,将文化看成"一个符号学(semiotic)的概念"。德国社会学家马克斯·韦伯(Max Weber)提出:"人是悬在由他自己所编织的意义之网中的动物,我本人也持相同的观点。于是,我以为所谓文化就是这样一些由人自己编织的意义之网,因此,对文化的分析不是一种寻求规律的实验科学,而是一种探求意义的解释科学。"

第六,将文化看作一种人类的生活方式(a way of life)。雷蒙·威廉斯是这种文化观的代表人物,他强调文化是普通的,代表着人类一种特殊的"生活方式",提倡要认真对待大众文化(主要指工人阶级文化)。他肯定工人阶级文化的价值,反对阿诺德等人对于大众及其文化的污蔑,认为爱尔兰政治家埃德蒙·伯克(Edmund Burke)所预料的"粗鄙群众"(swinish multitude)的激增"会导致学问遭到践踏"的情况"实际上并未发生"。

综上所述,要给文化下一个比较全面的定义是颇为困难的。美国文化社会学家约翰·霍尔(John R. Hall)就说:"像'文化'这样涵盖广泛的词,我们不能指望单单通过仔细的界定就能把握其真谛。定义'文化',并由此将其变为一种与世界上各种文化的精妙之物都不同的东西是错误的,我们应该抵弃将文化'具体化'的那种方法。不过,研究如何定义文化有助于我们摆脱单纯的'定义问题',而进入对社会世界的复杂性的理解。正是这种复杂性使得任何一个有关文化的定义都会引起争议。"约翰·霍尔和玛丽·乔·尼兹(Mary Jo Neitz)主张一种"宽泛的操作性定义",通过一个宽泛的定义将文化置于一个"分析的框架"下理解。他们确定了五种分析框架:①制度结构。该框架关注物质与观念文化的那些核心模式,这些模式表现在家庭、个人身份、流行文化和工作等社会制度中。②文化历史与遗产。主要是考察当代文化的历史渊源。③文化的生产与社会传播。霍尔和尼兹认为文化的传播不是凭空产生的,它们必须经由(通常是有组织的)社会行动创造出来。④文化效果。⑤意义与社会行动。这五种分析框架构成了文化的基本内容。雷蒙·威廉斯也是从构成主义角度对文化进行定义的。他认为1880年之后,人们对于文化的认识可以被分为三种界定方式:"理想"的文化定义、文化的"文献式"定义和文化的"社会"定义,文化是一种整体的生活方式。"理想"的文化定义是"用来描述18世纪以来思想、精神与美学发展的一般过程",即将文化看成一种精神、价值和理想;文化的"文献式"是"用来描述有关于知性的作品与活动,尤其是艺术方面的,这似乎也是现在最普遍的用法,Culture是指音乐、文学、绘画与雕刻、戏剧与电影。"文化部"(Ministry of Culture)负责推动这些特别的活动,有时候会加上哲学、学术、历史。最后一种定义方法,也就是精英主义者津津乐道的文化观念,不仅在时间上较出现晚,而且它和第一类文化有着密切关系,由第一类文化的含义衍生出来,被应用到了文学艺术活动之中。

我国的一些学者也对文化进行了阐释,例如,梁漱溟在其名著《中国文化要义》中将文化分为两种类型:第一种可称作"大文化","文化,就是吾人生活所依靠之一切。如吾人生活,必依靠于农工生产。农工如何生产,凡其所有器具技术及其相关之社会制度等,便都是文化之一大重要部分。又如吾人生活,必依靠于社会之治安,必依靠于社会之有条理有秩序而后可。那么,所有产生此治安此条理秩序,且维持它的,如国家政治、法律制度、宗教信仰、道德习惯、法庭警察军队等,亦莫不为文化重要部分。又如吾人生来一无所能,一切都靠后天学习而后能之。于是一切教育设施,遂不可少;而文化之传播与不断进步,亦即在此"。这种文化的概念有点类似于威廉斯的将文化看成一种"整体的生活方式"。第二种可称作"小文化","俗常以文字、文学、思想、学术、教育、出版等为文化,乃是狭义的"。张岱年在《中国文化概论》中亦把文化分为广义和狭义两种:广义的"文化"是"着眼于人类与一般动物、人类社会生活与自然界的本质区别,着眼于人类卓立于自然的独特生存方式,其涵盖面非常广泛,所以又被称作'大文化'";狭义的"文化"是"排除人类社会——历史生活中关于物质创造活动及其结果的部分,专注于精神创造活动及其结果,所以又被称作'小文化'"。张岱年认为,"文化"一词在中文中的含义,从一开始就专注于精神和思想领域。

二、大众文化与大众传播

20世纪以来,关于文化最常见的一种看法是把文化分为"高雅文化"与"大众文化"。高雅文化通常是指人类历史上的一些经典艺术作品,而大众文化专门指为市场和大众成批量生产出来的文化,包括电影、广播、电视、通俗小说以及今天的网络文化,等等。在这样的文化分类中,大众文化明显是一个贬义词汇,一些文化研究者认为,只有高雅文化才属于真正的文化,那些大众文化只不过是"伪文化"。在20世纪50年代,围绕着高雅文化与大众文化,美国知识界曾经发生过一场大讨论,以社会评论家德怀特·麦克唐纳(Dwight MacDonald)为代表的一批人对大众文化进行了严厉的批评。英国社会批评家弗·雷·利维斯(F. R. Leavis)曾经出版了《大众文明与少数人的文化》一书,认为文化对社会来说具有重要意义,但是只有少数人,才能掌握和熟悉英国历史上的伟大典籍。而普通大众是不能理解这种文化的,当然英国历史上的"优秀文化"可以经过这些有教养的少数精英传达给大众,让大众接触到高雅文化。利维斯讨论了一些英国历史上的经典(主要是一些文学作品),借助对这些经典文化的探讨,批评了正在美国兴起的大众传媒和大众文化。他强烈批评了好莱坞电影、汽车和都市广告,认为大众把目光从"高雅文学转向电影和广播,意味着大众想象活动的低水平"。但是约翰·多克(John Docke)指出,利维斯的高雅文化的标准也是可疑的,甚至令人可笑,这不仅因为他判断高雅文化的标准都是关于文学和诗歌的,并且,利维斯所说的英国历史上的伟大传统仅是五位作家:简·奥斯汀(Jane Austen)、乔治·爱略特(George Eliot)、亨利·詹姆斯(Henry James)、约瑟夫·康拉德(Joseph Conrad)和 D. H. 劳伦斯(D. H. Lawrence)。更为荒谬的是,约翰·多克说利维斯起初对劳伦斯并不感兴趣,评价也不高,因为劳伦斯本来就是通俗小说家,利维斯最初阅读劳伦斯作品的时候甚至皱眉头。那些批评大众文化的学者都倾向于用"大众文化"(Mass Culture),也常用"流行文化"(Popular Culture)来表示大众文化。Mass Culture 是从群体的角度考虑,强调的是大多数人拥有的文化;Popular Culture 则是从"流行"的角度理解文化。其实,从"流行"的角度看,无论是"高雅文化",还是"大众文化"都有可能流行或者不流行,某些"高雅文化"也可能是"流行文化"。

关于"大众文化"到底是在什么时候出现的,也存在着不同说法。绝大部分人认为大众文化出现在20世纪之后,是伴随着工业技术的发展、都市社会的繁荣与大众传媒即电视、电影和广告等大众媒介的出现而兴起。

例如,英国莱斯特大学社会学讲师多米尼克·斯特里纳蒂(Dominic Strinati)就认为,在19世纪20年代前后,电影、电视和广告在美国、欧洲大量出现,使得关于大众文化的讨论得到了充分关注。他指出:"19世纪20年代和30年代是通俗文化研究和评价的很有意义的转折点。电影和电台的出现,文化的大批量生产和消费,在一些西方社会中法西斯主义的崛起与自由民主政治的成熟,全都在为大众文化论争提供条件方面起了自己的作用。"斯特里纳蒂同时也认为,早在16世纪,在法国哲学家帕斯卡尔(Blaise Pascal)和法国思想家蒙田(Michel de Montaigne)的著作中,已开始讨论大众文化问题。约翰·多克也认为,在工业革命之前已出现大众文化一词。不过,工业革命之前的大众文化是为民众所有,也为民众所创,那时大众文化一词有时是用作传统文化与土著文化的同义词。而更多的学者认为,在第二次世界大战之后,因为美国掀起了一场关于大众文化的论争,才使大众文化一词才流行起来。

像文化一词一样,关于大众文化的定义也层出不穷。英国媒介与文化研究领域知名学者约翰·斯道雷(John Storey)在《文化理论和大众文化导论》中这样界定大众文化:第一,许多人喜欢的文化;第二,高雅文化之后所剩余的文化;第三,商业文化色彩;第四,为人民的文化;第五,大众文化是社会从属群体的抵抗与统治阶级群体的整合之间的斗争"场所";第六,后现代意义上的消融大众文化与高雅文化。多米尼克·斯特里纳蒂在《通俗文化理论导论》中则认为:"大众文化是通俗化的,它是由批量生产的工业技术生产出来的,是为了获利而向大批消费公众销售的。它是商业文化,是为大众市场而批量生产的。"我国学者金元浦在总结大众文化的一些特征之后,给大众文化下了这样的定义:"大众文化是一个特定的范畴,它主要是指兴起于都市的,与当代大工业密切相关的,以全球化的现代传媒(特别是电子传媒)为介质大批量生产的当代文化形态,是处于消费时代或消费时代的由消费意识形态筹划、引导大众采取时尚化运作方式的当代文化消费形态。"上述关于大众文化的介绍往往强调大众文化有如下一些共同特征。

1.工业化。大众文化被认为是现代工业的产物,没有现代工业就谈不上大众文化,现代化大生产促成了文化的流水线生产。在过去,艺术和文化被认为是个人独创性的精神产品,传统社会被看成一个等级差异比较明显的社会,上层文化才属于文化,多被看成个人产品。即使在现代社会中,现代主义文化和先锋文化仍然被看作个人产品。但是电影、电视和通俗小说则不再被视为个人产品,因为这些产品都从流水线上生产出来,变得雷同化和一致化,这是大众文化始终遭到批评的一个主要原因。德国学者瓦尔特·本雅明(Walter Benjamin)认为这种流水线的生产方式使艺术丧失了"灵韵"。

2.商业化。康德认为现代艺术的特点就是自律的"无功利性",他提倡一种"纯粹的艺术观"。但是大众文化的一个重要特征就是"商业化",被认为是消费社会中出现的"为满足乌合之众而批量生产的商业文化"。这种批量生产的商业文化明显地表现在美国的大众文化产品中。英国著名文化研究专家理查德·霍加特(Richard Hoggart)在《自动点唱机少年和奖学金男孩》中,就曾描述一群沉浸在美国流行文化中的英国青少年形象,通过这些英国青少年,霍加特严厉地批判了商业化的美国大众文化对于英国青少年的影响。

3.娱乐化。娱乐是大众文化的重要特征。当代社会是一个娱乐消费的时代,在这样一个时代中,正如美国著名马克思主义批评家和理论家弗雷德里克·詹姆逊(Fredric Jameson)所说,一切都转化成快感,政治文化也转化成快感文化,我们在电视节目里经常看到政治家"东奔西走",搞"穿梭外交",但是对大众而言,电视上的这些政治活动毫无意义,是媒体娱乐大众的需要。许多娱乐新闻,更是经常会有"洗澡都带枪的以色列女兵""这些男女混住的大学生们"之类耸人听闻的标题,这些标题本身已经完全娱乐化。

不过,在意大利思想家安东尼奥·葛兰西(Antonio Gramsci)和英国文化研究学派的斯图亚特·霍尔(Stuart Hall)等人看来,大众文化不仅是一种娱乐产品,而且是一个"意义场域";大众文化不仅代表着产业、商品或娱乐,也包含着文化和身份认同。在大众文化领域中,交织着政治、经济和文化的权力之争。约翰·斯道雷说:"大众文化是一个富含冲突的场所。在这里,被统治集团之'抵抗'力量与统治集团利益对被统治集团的'收编'力量进行着斗争。大众文化既不是自上而下灌输给'群氓'的欺骗性文化,也不是自下而上的、由'人民'创造的对抗性文化,而是两者进行交流和协商的场域,同时包括了'抵抗'与'收编'。"

关于大众文化,还有一点很重要,即大众文化的繁荣离不开报纸、广播、电视和网络等大众传播媒介。19 世纪报纸的大量发行和 20 世纪初期广播、电影和电视技术的发展，带来了新的文化和文明形态。美国著名文化社会学家戴安娜·克兰(Diana Crane)指出："在一定程度上，新的文化形式和体裁的出现，是新技术产生的结果。"

最早意识到传播媒介在社会和文化变革中的重要性的，是加拿大的两位学者——哈罗德·亚当斯·伊尼斯(Harold Adams Innis)和马歇尔·麦克卢汉(Marshall McLuhan)。伊尼斯本来是一位经济学家，他在人生最后 10 年发表了关于人类传播的著作，即《传播的偏向》《帝国与传播》两本著作。在两本著作里，伊尼斯第一次详细讨论了传播媒介对于人类文明的意义，他指出不同民族对其他文明的了解，在很大程度上，有赖于这些文明所用的媒介的性质，一种媒介经过长期使用之后，可能会在一定程度上决定了它传播的知识的特征。也许可以说，它无孔不入地影响创造出来的文明，最终难以保存其活力和灵活性。伊尼斯根据媒介的性质将其分为两种类型：偏向时间的媒介和偏向空间的媒介。有些知识可能适合在时间上纵向传播，譬如羊皮纸和建筑；而有些知识譬如草纸一类比较轻巧，便于运输，这样的知识适合在空间中传播。伊尼斯从媒介史的角度将人类文化分为口头传播时代、文字传播时代、印刷传播时代和电子传播时代。他对工业革命之后的大众传媒也进行了评价，不过，像绝大部分批评者一样，伊尼斯认为传播技术的进步，反而降低了文化标准，削弱了学者的影响，增加了公众彼此理解的难度。

麦克卢汉深受伊尼斯的影响，与伊尼斯一样，麦克卢汉意识到传播媒介对于文化和文明的重大意义，提出了"媒介即信息"(The medium is the message.)这样一个重要概念。何谓"媒介即信息"？麦克卢汉以电灯和铁路作为例子，他认为电灯的作用并不在于它的"内容"。铁路也是这样，一方面，铁路的作用"并不是把运动、运输、轮子或道路引入人类社会，而是加速并扩大人们过去的功能，创造新的城市、新的工作、新的闲暇。无论铁路是在热带还是在北方寒冷的环境中运转，都发生了这样的变化。这样的变化与铁路媒介所运输的货物或内容是毫无关系的；另一方面，由于飞机加快了运输的速度，它又使铁路塑造的城市、政治和社团的形态趋于瓦解,这个功能与飞机所运载的东西是毫无关系的"。麦克卢汉认为这都是媒介本身带来的社会变迁,与媒介所包含的内容并无关系。麦克卢汉还认为,任何一种媒介的"内容"都是另外一种媒介,譬如文字的内容是言语,而文字又是印刷的内容,印刷又是电报的内容,不同的媒介和内容之间实际上在不停地互相转化。而在工业革命之后,这种转化突然加快了,各种各样的新媒介涌现,取代了旧媒介,按照麦克卢汉的说法,这是一个"媒介杂交"的时代。

在电报改造了新闻媒介之后,新闻媒介仿佛揭开了"人的兴趣"的键盘。于是报纸就"枪毙"了剧院,正如电视沉重打击了电影院和夜总会等场所一样。爱尔兰剧作家萧伯纳充满智慧、富有幻想,他发动了维护戏剧的反攻运动。他把新闻媒介纳入戏剧,让戏剧舞台接过新闻媒介争论的问题和"人的兴趣"的大千世界,狄更斯也为小说接过了这些"东西"。随后,电影又接过小说、报纸和舞台等媒介,一股脑儿全都接过来。继而,电视又渗入电影,把"戏剧表现无遗的"奉还给公众。

新兴媒介不断取代旧媒介,以新的媒介为载体的新文化也就不断取代了以往传统媒介所承载的文化内容。正是新媒介改变了人类的行为习惯和交流方式。有了电话、电报等新兴的媒介方式,距离不再成为阻隔人们产生联系的障碍,无论相距多么遥远的两个人,只要想联系总会有办法,比如,通过打电话、发电报的方式取得联系。在今天,还可以通过网络语音或视频进行交流。麦克卢汉认为任何一种媒介都变成了人体的延伸,是"人体的延伸或自我截除",比如,车轮是脚的延伸、收音机是听觉的延伸,它能重新唤起人们对部落生活的回忆,电视是视觉和听觉的延伸,强化了人的视觉和听觉功能,等等。这些理论对我们理解今天的新兴媒体依然具有重要意义。当然,由于麦克卢汉的作品晦涩难懂,他的一些观念也遭到了批评。例如,在麦克卢汉的理论中,媒介内容本身似乎并不重要,重要的是媒介本身的形式;英国的社会主义思想家雷蒙·威廉斯认为这样的分析脱离了社会和文化语境,媒介内容本身依然十分重要;英国谢菲尔德大学社会学讲师尼克·史蒂文森(Nick Stevenson)也指出,电视传播的特性并不取决于媒介形式,而在于电视节目的内容。

　　尽管伊尼斯和麦克卢汉的媒介观念夸大了传播技术和媒介本身的力量,但是他们深刻地意识到传播媒介本身对于整个人类文化和文明形态的重大影响,此后关于媒介技术和媒介文化的许多讨论,大都是从伊尼斯和麦克卢汉这里开始的。

第二节　媒介文化理论的形成

一、何谓媒介文化

　　广播、电影、电视和新兴的互联网等传播媒介已经深刻地影响着人们的日常生活和社会的文化形态。汤普森有言:"今天难以想象生活在一个没有书刊报纸、没有收音机和电视、没有把无数象征形式常规地和不断地传送给我们的其他传媒的世界里会是怎样的。一日复一日,一周复一周,报纸、收音机和电视持续不断地告诉我们发生在我们所处社会环境以外的事件的有关形象、信息和思想。电影和电视节目中的人物形象成为千百万人的共同关心点,他们之间可能从无交往,但由于他们参与传媒文化而具备了一种共同经历和集体记忆。即使那些文娱形式已经存在了许多世纪,例如,通俗音乐与体育竞技,今天还是与大众传播交织在一起。通俗音乐、体育和其他活动主要都是由传媒产业支撑的,这不仅包括已有文化形式的传输与财政支持,而且包括这些形式的积极转型。"美国学者托德·吉特林(Todd Gitlin)也说道,在一个日益模糊与不确定的世界里,人们越来越多地依赖于大众媒介来寻找并试图发现自我。而说服性的大众媒介不断消解着政治社群(political community),借此来增加人们对其的依赖。同时,大众媒介也将一个机械的公共空间带入了私人领域。在生存世界的裂缝中,为了获取概念、英雄人物的形象、信息、情感诉求、公共价值的认同以及通常的符号,甚至语言,人们发现自己已经越来越多地依赖于大众媒介。在现实生活中,大众媒介无时无刻不在为人们编织着信仰、价值和集体认同——通过其颇具说服性的美德、平易近人的亲和力和位居中心的象征力量,它们对这个世界做出各种解释并宣称事实何以为事实;而当这些宣称受到怀疑和指责时,它们又会用同样的宣称来压制与之相反的立场。简而言之,大众媒介已经成为支配意识形态的核心体系。

正因为大众媒介越发影响着人们对于外部世界和自我的认识。美国加州大学洛杉矶分校著名教授道格拉斯·凯尔纳(Douglas Kellner)、尼克·史蒂文森和戴安娜·克兰等人提出了"媒体文化"的概念。他们认为大众传媒在当代社会越来越重要,它深刻地影响着当代文化的形态和内容,当代文化在某种意义上其实就是媒介文化。在《认识媒介文化》一书中,史蒂文森解释了他为何用媒介文化作为书名,本来他要给书取名为"社会理论与大众传播",不过,他接受了一个朋友的忠告,将书名改为"认识媒介文化"。显然,改动不仅是因为朋友的忠告,而是史蒂文森意识到媒介文化已经成为当代社会的核心概念。史蒂文森在讨论媒介文化时特别强调了三个方面:一是强调现代文化就是"依凭大众传播媒介来传达的。各种各样的媒介传播着古典的歌剧、音乐、关于政客私生活的庸俗故事、好莱坞最新的流言蜚语以及来自全球四面八方的新闻。这已深刻地改变了现象学意义上的现代生活经验,以及社会权利的网络系统";二是强调了媒介文化理论的日益重要。史蒂文森说在媒介文化的发展过程中,英国、法国、澳大利亚、美国等国家的学者已经形成了不同的媒介文化理论;三是认为由于媒介文化理论的发展,需要介绍"那些已建立了媒介理论的学者彼此进行思想交流的历史",从而让更多的人了解媒介文化理论史,这有助于人们更好地认识当代文化和社会。史蒂文森指出:"在大多数人的日常生活中,媒介文化的重要性日益明显,在这种情况下,这样做是重要的。毋庸置疑,媒介文化的实践在现代世界里变化很快。这些变化由许许多多的社会力量导致,包括新型的所有制模式、新的技术、全球化、国家政策和受众实践,等等。这些激动人心的变化在学术圈内外,均需要具有广泛形式的讨论。"

英国学者尼克·库尔德利(Nick Couldry)在讨论媒介文化的概念时,

也强调了从文化层面理解媒介的重要性,他将媒介文化视为意义建构习惯(sense-making practices)的集合,"其主要的意义资源是媒介,辨识一种媒介文化的唯一标准是文化成员识别其特色和其'结伴'的方式。我所说的'意义建构'(meaning-making)不是说媒介文化是理解媒介的专属或首要方式。相反,我的意思是,媒介文化是理解世界的方式,而世界的运行主要是通过或依靠媒介的"。

在《媒体文化》一书中,道格拉斯·凯尔纳更是对媒介文化的概念、内涵和价值进行了详细介绍,他认为在当今世界,"一种媒体文化已然出现,而其中的图像、音响和宏大的场面通过主宰休闲时间、塑造政治观念和社会行为,同时供给人们用以铸造自身身份的材料等,促进了日常生活结构的形成。电台、电视、电影和文化产业的其他产品提供了关于男性或女性、成功或失败、有权有势或人微言轻等意味着什么的样本。媒体文化也为许多人提供了材料,使其确立对阶级、族群和种族、民族、性,以及'我们'与'他们'等的理解",媒体文化有助于塑造有关世界和最为深刻的价值流行观念;它对什么是好或不好、积极或消极、道德或邪恶等做出界定。媒体的故事和图像提供了象征、神话等资源,并参与形成今天世界上许多地方的多数人所共享的某种文化,"媒体文化也为创造认同性提供了种种的材料,由此,个人得以跻身当代的技术——资本主义社会,而这又产生出一种全球文化的新形式"。

在凯尔纳眼里,当代的媒体文化无所不包,完全取代了以往文化的作用,成为今天人们理解自我、他者和世界的重要来源。凯尔纳从文化研究和传播政治经济学的视角,具体考察一些媒介文化文本的运作模式,考察它们如何在现实社会中发挥作用。对于新兴的媒体文化,凯尔纳的认识其实是有点悲观的。他重复了法兰克福学派的一些观点,认为媒体文化更多的是为大众提供消遣的、批量生产的文化,大众是指大部分被社会秩序剥削和压迫得最厉害的人,"只是能消受媒体文化(尤其是电视)所提供的'免费'娱乐而已",媒体文化成为人们转移和逃避社会苦难以及日常生存烦恼的一种文化。他认为在未来世界,人们可能会怀疑今天这个"政治化的、媒体化的时代"。站在媒体批判的立场,凯尔纳认为应该发展出一门"批判的媒体教育学",凯尔纳所倡导的"批判的媒体教育学"是希望通过学校教育等形式,让人们特别是年轻人批判性地接受媒体文化,学会辨明"什么是最佳的媒体文化,什么是最糟糕的媒体文化",以及认识媒体文化的各种符号所代表的深层意义等,最终目的当然是让媒介文化促进而不是阻碍民主社会的发展。在讨论媒体文化时,凯尔纳特别注意到亚文化、边缘文化等"另类"媒介文化的作用,他关注媒体文化创作和信息流动过程中的平等权、自由权,倡导"要让个人真正获得力量,需要赋予其媒体制作方面的知识,同时允许个人制作向公众散布的作品。与日俱增的媒体行动主义可以明显地提升民主,使得各种声音的衍生成为可能,同时可以让那些一直默默无闻或边缘化的声音表达出来"。

同凯尔纳相比,戴安娜·克兰更注重对媒体文化范式和生产过程的研究。戴安娜·克兰在《文化生产:媒体与都市艺术》一书中,试图改变社会学家对于媒体文化的看法。她强调媒体文化在社会学研究中的重要性,尝试从社会生产的层面去考察当代媒体文化,"关注媒体娱乐是怎样随着生产和消费状况的不同而变化,它表达的是哪些种类的意义和意识形态,这些种类的意义和意识形态是怎样随着时代变化而发生变化的,怎样才能够描述媒体文化受众的特征,媒体文化如何不同于非工业背景下产生的其他形式的录制文化?"她详细考察了当代媒体文化的几种主要范式,分析不同媒体文化范式所代表的文化和社会价值。

除了强调媒体文化在当今社会的重要作用之外,道格拉斯·凯尔纳、尼克·斯蒂文森和戴安娜·克兰都注意到,在媒体文化时代的一个重要现象,即高雅文化和大众文化之间的距离日渐消弭,大众文化的兴起势不可当。不过,凯尔纳、斯蒂文森和克兰都没有一味地肯定新兴的媒体文化。他们认为当今的媒体文化是一种多元文化的融合,鱼龙混杂,既有好的一面,同时也有糟糕的一面。凯尔纳希望发展出一门"媒体教育学",借助于文化研究、传播政治经济学和符号学等批判理论,帮助大众辨别媒体文化的好坏;史蒂文森也希望不同的人参与媒体文化的论辩,将媒体文化"与更广泛的社会实践结合起来",通过论辩让人们更好地认识媒体文化。而与凯尔纳、史蒂文森相比,深受英国文化研究学派思想影响的澳大利亚文化研究代表人格雷姆·特纳(Graeme Turner)则对媒体文化持乐观态度,在《普通人和媒介:民众化转向》(*Ordinary People and the Media:The Demotic Turn*)一书中,特纳采用了威廉斯的文化观念,他关注电视、广播等大众传媒与普通民众的关系,认为电视等大众媒介构建了普通民众的文化认同,通过真实电视、电台谈话节目,大众在媒介娱乐中确立了自己的文化观念,形成了民主参与意识。

二、西方媒体文化的发展概要

工业革命以来,由技术革命催生的广播、电影、电视等大众传播所依托的机械媒介不断出现并逐步演绎一种真实的文化社会学关系,诸如传媒文化所携带的物质语境如何影响人们的行为和心理,传媒文化所宣泄的社会观念如何编织人们的社会心理,传媒文化的内容结构如何区分人们的文化趣味等。如果说,大众传媒是生产社会意识和价值观念的模具或信息源,那么,随着信息传播技术对社会生产实践和社会日常生活的全面渗透,文化媒介化的全面图景所激发的文化思考逐渐成为传播学中越来越引人关注的话题,启发人们重新思考媒介技术的文化驱动力,是对文化的更新和再造。媒介文化的一些重要理论都来自西方,梳理和介绍西方媒介文化理论,才能更好地思考本土各种媒介文化现象,在考察西方媒介文化理论的同时,兼顾西方不同媒介文化理论形成和发展时的具体社会和历史语境。通过对20—21世纪各种西方媒介文化理论的介绍可以发现,不同国家和地区的媒介文化理论在借鉴其他国家媒介文化理论的同时,都必然地与本土的文化和历史实情相结合,这为我们理解当代中国的媒介文化现象和建构我们自己的媒介文化理论提供了许多启示,即我们吸收西方媒介文化理论的同时,必须设法让西方媒介文化理论"落地生根"才能建构出符合本土实情,具有自身特色的媒介文化理论。

西方媒介文化理论主要有法兰克福学派、传播政治经济学派、文化研究学派、结构主义符号学派、后现代主义理论、芝加哥学派、全球化理论,每一个学派、每一种理论都涉及很多内容。

对于新兴大众传媒及其文化批判更有影响力的是一批激进的马克思主义者,突出代表是德国的法兰克福学派,法兰克福学派强调社会主体自我意识的悲情性批判。1923 年,法兰克福大学社会研究所成立,第一任所长是格吕堡(C.Grünberg)。1930 年霍克海默(Max Horkheimer)开始担任研究所所长,他和研究所主要成员阿多诺(Theodor Wiesengrund Adorno)、本雅明(Walter Benjamin)、马尔库塞(Herbert Marcuse)、洛文塔尔(Leo Lowenthal)等人运用马克思主义理论和弗洛伊德(Sigmund Freud)的学说批判资本主义的社会制度。法兰克福学派是在第二次世界大战前后的社会环境中形成和发展起来的,对马克思主义本身存在问题的修正、对资本主义制度的不满是法兰克福学派社会批判理论发展的动因。法兰克福学派的每个成员都深受马克思主义思想的影响,但是与传统马克思主义思想有所不同的是,法兰克福学派将马克思主义理论和弗洛伊德的精神分析学结合起来,在此基础上重新解释、评价和修正马克思的唯物主义理论。法兰克福学派继承了马克思对资本主义社会的批判传统,但是他们的注意力不再集中于考察资本主义的生产和再生产过程,也不再集中于马克思所强调的阶级差别和劳动价值等理论,而是以马克思的“商品拜物教”理论为基础,攻击整个现代社会对人的奴役和控制。他们比马克思走得还要远,马克思其实仍然是在启蒙框架下讨论资本主义的社会制度问题,他虽然对资本主义社会进行了严厉批判,但关注的却是资本主义制度中的经济不平等现象,而不是整个现代社会制度。法兰克福学派的学者却认为,不是个别资本家,而是整个现代社会的生产制度对人形成了压迫,使人丧失了自我,变成了“非人”。故而,法兰克福学派的理论经常被人们称为“批判理论”。

20世纪三四十年代,达拉斯·斯迈思(Dallas Smythe)等人更是在吸收法兰克福学派批判理论的基础上,创立了传播政治经济学。加拿大学者文森特·莫斯可(Vincet Mosco)在《传播政治经济学》(*The Political Economy of Communication*)一书中介绍,20世纪60年代之后,美国社会发生了很大变化,一方面反对越南战争的青年文化运动如火如荼;另一方面大众传媒集团化、兼并化和跨国化潮流趋势明显。政经环境的巨大变化引起了传媒学者的关注,传播政治经济学由此在美国得到重视并走向成熟。达拉斯·斯迈思(Dallas Smythe)的《依附之路:传播、资本主义、意识形态与加拿大》、赫伯特·席勒(Herbert Schiller)的《大众传播与美利坚帝国》和托马斯·贝克特(Thomas Becket)的《国际电影产业:1945年以来的西欧与美国》等著作热烈讨论了生产和政治对大众传媒的影响,注重国家权力、垄断组织与大众媒介的关系。例如,斯迈思就站在批判的立场指出,在资本主义社会里,受众购买商品看上去是一种自然而然的行为,因为需要才去购物,但实际情况不是这样,受众的购物意愿完全是由资本主义的"文化工业"所支配。斯迈思认为受众主动购物背后隐藏着资本主义商业社会的"一个巨大骗局",受众是在受欺骗的状态下进行购物,这样的说法自然也遭到了一些受众研究者的批评。20世纪70年代之后,美国传播政治经济学播撒到世界各地,在英国出现了格拉汉姆·默多克(Graham Murdock)、彼得·戈尔丁(Peter Golding)、尼古拉斯·加汉姆(Nicholas Graham)等著名学者。20世纪80年代后,亚洲和澳洲等地的传播政治经济学也有了长足发展。传媒政治经济学朝着多样化方向发展起来,并与后现代主义以及消费主义结合起来,出现了后现代主义传播政治经济学、女性主义传播政治经济学等。

文化研究学派(cultural studies)在20世纪60年代兴起于英国。该学派起源于1964年霍加特等学者在伯明翰大学成立的英国当代文化研究中心(Centre For Contemporary Cultural Studies),因而也被称为"伯明翰学派"(Birmingham School)。早期文化研究学派的代表人物有理查德·霍加特(Richard Hoggart)、雷蒙·威廉斯和汤普森(E. P. Thompson)。在20世纪五六十年代,霍加特出版了《文字的用途》(*The Use of Words*,1957)、雷蒙·威廉斯出版了《文化与社会》(*Culture and Society*,1958)、汤普森出版了《英国工人阶级的形成》(*The Making of the English Working Class*,1963),这些著作讨论当时英国的社会和文化状况,主张维护工人阶级和青年群体的利益。文化研究学派继承了法兰克福学派的批判传统,对英国社会一些新兴文化现象展开了文化思考。不过,英国文化研究学派颠覆了法兰克福学派的精英主义文化观;英国文化研究学派重新界定了文化的概念,将文化看成"一种生活方式",同时肯定新兴的工人阶级文化、青年亚文化和媒体文化出现的积极意义。

结构主义是西方20世纪60年代至20世纪70年代兴起的一股文化思潮,这股思潮对很多学科都产生了很大影响。罗兰·巴特、霍尔和菲斯克也将结构主义符号学和叙事学的理论引入了媒介文化领域,带动媒介文化研究领域的符号学研究和文本研究思潮。结构主义的兴起成就了两门新兴的学科——符号学和叙事学。对"符号学"做出较大贡献的是罗兰·巴特,他在《符号学原理》《神话——大众文化诠释》等作品中,巴特对符号学的一些基本理论进行了梳理,并且将符号学研究从语言学、人类学的研究扩展到对现代社会日常生活和流行文化的考察上。斯图亚特·霍尔是英国伯明翰学派第二代的代表人物,他将葛兰西的文化霸权理论和结构主义符号学结合起来,分析和解读电视等传媒文化现象,并且将结构主义引向了后结构主义。菲斯克不仅研究了电视文本,而且借助结构主义符号学理论对整个传播理论进行了深入思考。

后现代理论的出现与西方社会的高度发展有关,现代科学技术达到了一定高度,生产型社会开始向消费型社会转变,媒体和信息技术迅速发展。现代社会经常被看成工业化、生产化的社会,后现代社会被贝尔称为"后工业社会",而后工业社会经常也被人们称为"信息社会"或"消费社会"。"信息社会"和"消费社会"的特征便是大众媒介和图像的异常发达,英国文化研究与后现代理论家默克罗比认为在当代社会的大众媒体与图像已经占据了"支配性地位"。日益发达的技术和新兴的媒介给人们带来了大量信息,让人们生活得更加方便、舒适,但同时也给人们获得有效信息增添了麻烦,甚至带来了个人隐私的困扰。就连"传播学之父"施拉姆也意识到,在信息泛滥的时代,如何应对"信息超载"是一个社会问题。安吉拉·默克罗比则认为"后现代"一词尤其适用于当代媒体社会。在探讨后现代主义和媒体文化的关系上代表人物有詹姆逊、波德里亚、费瑟斯通等。

西方媒介文化理论还有以实用主义哲学主导着美国近代以来的思想文化和日常生活的芝加哥学派;以"公共领域"理念试图创造的非国家

非私人的公共交流空间的公共领域理论;阿尔都塞国家意识形态机器理论的体制批评立场;葛兰西文化霸权理论启动社会革命的协商策略;公共舆论究竟是从属于阶级共同体还是民族共同体的分歧;电子乌托邦究竟是展现数字民主公平还是民粹主义压力的争论;消费社会理论表象符号的异化景观;性别理论和亚文化理论所强调的身份认同意识;全球化的普世想象和去西方化的观念对冲;等等。

今天的媒介文化的传播效果可能是多元的,从批判意识的不断更新到媒介技术的不断升级,随着各种各样新兴媒介的出现,涌现了不少新媒介文化理论的著作,例如,凯文·凯利的《软利器》、保罗·莱文森(Paul Levinson)的《新新媒介》、尼古拉斯·盖恩(Nicholas Gane)的《新媒介》等。

第三节　我国媒介文化理论研究现状

近年来,由于我国大众媒体的迅速发展,学术界对于各种媒介文化现象的研究也日益重视起来,有人甚至认为媒介文化研究现在"已经成为一门显学"[①]。这样的说法虽然有点夸大其词,却说明了过去在大众传播学领域里并不被重视的媒介文化研究变得越来越重要。纵观近些年我国媒介文化研究的现状,可以梳理出学术界对于媒介文化的研究主要集中的三个方面。

第一,一些学者对媒介文化的理论研究和学校学科建设开展了有意识的思考。潘知常、林玮主编的《传媒批判理论》较早地对西方传媒批判理论做了仔细梳理,该书从"传媒作为文化世界""传媒作为权利世界""传媒作为文本世界""传媒作为游戏世界"四个方面分析了西方传媒文化理论的发展,并试图通过对西方传媒批判理论的介绍推动媒介文化理论学术研究,"进入传播学学科本身,从而打破实证学派在传播学科中的一统天下的局面,并且在积极汲取批判理论的研究成果的基础上进一步

① 於红梅. 批判地审视媒介文化研究:基于2009—2011年媒介文化研究的评述[J]. 新闻大学,2011(2):137-144.

进行传播学学科建设"。不过,该书那时还没有"媒介文化"的明确提法。黄旦、邵培仁、陈卫星、吴飞、陈龙、吴予敏、蒋晓丽、蒋原伦、秦起希、刘海龙、鲍海波等学者更是有意识地对媒介文化理论展开深入研究,"媒介文化"一词开始被学者们广泛使用。在《传媒文化研究》一书中,陈龙认为,关于传媒有几种代表性的观点,即"作为信息的媒介""作为'容器''语法''环境'的媒介""作为社会机构的媒介"以及"作为文本、文化的媒介"。与作为信息、社会机构的媒介有所不同的是,从"作为文本和文化的媒介"的观点来看,大众媒介是一种文化,"传媒是文化,这不仅因为电视、报刊、畅销书、网络等大众传媒在今天已侵占了我们的闲暇或私人空间,并且生产和复制我们每天消费的大部分文化音像符号;还因为大众传媒代表了一种新型文化,它所建构的大众文化或流行文化正悄悄地改变着我们的生存方式。大众传媒在社会生活中发挥着巨大的作用,大众传媒本身也就有值得研究的地方,它本身就是一种文化现象"①。

"媒介文化"还作为一门课程正式进入了大学学堂,北京师范大学、四川大学、苏州大学、深圳大学都开设了相关课程,陈龙的《传媒文化研究》是由中国人民大学出版社出版的"21世纪新闻传播学研究生系列教材",蒋原伦的《媒介文化十二讲》被选入"21世纪新闻与传播学系列教材",蒋晓丽的《传媒文化与媒介研究》和吴予敏的《传播与文化研究》也都被作为高校研究生的教材,苏州大学还以"媒介文化"为研究方向招收博士生,这些都显示出媒介文化研究在我国越来越受到重视。

第二,学者们认真讨论了媒介文化的基本概念和基本特征。蒋原伦认为媒介文化是"一种文化的分类原则""它强调的是文化的媒介呈现方式,强调的是媒介形态对社会文化所产生的决定性的影响,不同的媒介导致文化沿着不同路径演进",这个概念强调了媒介对于当代文化的决定性作用;鲍海波则从当代文化转向的角度来理解媒介文化,她认为媒介文化体现了当代文化的历史性转向,这种转向使媒介文化拥有其自身的一些基本属性,即"具有无限复制的奇异性、不可扼制的商品性与审美现代性统摄下的审美性",其中"超文本性""时尚性"被认为是这一基本

① 陈龙. 传媒文化研究[M]. 北京:中国人民大学出版社,2009:2-7.

属性的具体体现;於红梅则从构成角度分析媒介文化的概念,她认为"媒介文化"的概念包含了三方面内容:一是运用传媒技术;二是在特定社会环境下所从事的文化产品的生产、流通和消费;三是经此而展开意义建构的活动和过程。於红梅注意到了其他媒介文化研究者在讨论"媒介文化"概念时所忽略的媒介文化产品所具有的生产、流通和消费的特征。不管怎么说,我国学者在讨论"媒介文化"概念时都强调媒介文化出现的重要意义——体现了当代文化的转向。学者们在讨论媒介文化概念时还有一个共同看法,那就是认为"媒介文化"不是单一概念,而是包含了"太多的东西"。

所谓媒介文化是一个特别庞杂的概念,它包含太多的东西,对媒介文化进行研究意味着对当代社会的许多方面进行综合研究,这些方面包括当代的文化工业,包括侵入每一户家庭的电视节目和这些节目的制作体制,包括大众的收视行为及日积月累所产生的潜在效果,也包括铺天盖地的广告对人们的消费心理和购买行为所产生的影响,等等①。

当代媒介文化不仅包含过去的精英文化,也包含新兴的大众文化,它还致力于打破精英文化与大众文化的差别;媒介不仅包含各种各样的现代与后现代文化,而且也包含传统文化和民间文化、私人文化和公共文化、全球文化和地方文化,等等。新闻传播研究所所长欧阳宏生特别注意到媒介文化的"球土化"(glocalization)现象,他认为过去本土的媒介文化主要致力于"服务于政治和社会利益,塑造国家集体生活,成为民族文化认同的中心",但是当代的媒体文化却打破了这样的格局,本土媒介文化被卷入全球媒体文化秩序之中,因而在理解本土媒介文化时,必须将本土的媒介文化置于全球媒体文化的框架中。当然,虽然当代的媒介文化不断打破精英与大众、全球与地方、传统与现代之间的界限,但是媒体文化本身却也在制造个人、社会、国家和区域身份的差异和冲突。

第三,我国学者在思考和讨论媒介文化现象时,特别强调从批判的角度和本土的立场思考媒介文化问题。黄旦教授在《理论与经验——中国传播研究的问题及路径》一书的导言中特别强调了中国的传播学研究

① 蒋原伦.媒介文化十二讲[M].北京:北京大学出版社,2010:9.

要立足于"本土经验";潘知常、林玮主编的《传媒批判理论》集中考察了西方传媒批判理论的发展状况,该书也提倡要以批判的精神去研究传媒文化现象;陈龙在《传媒文化研究》中也强调了批判视角在研究传媒文化中的重要性,他认为传媒文化形形色色,既包含不少优秀文化,也包含许多低俗文化,所以研究者应该站在批判的立场去审视"传媒文化"。陈龙还提出"传媒文化是知识分子的发言场域,作为知识分子,传媒文化的研究者应当肩负起时代和社会的使命,与传媒文化本身保持距离,超然于文化之外,以科学的、客观的、冷静的态度来分析传媒现象和传媒内容,给大众以启蒙,让他们了解媒介内容的本质。事实证明,那种跟风凑热闹的学术研究并不能给中国的传媒文化研究带来好的结果,传媒不是孤立存在的,新的媒介形式及其文化在不断地重构着我们的生活,那么,这种媒介文化的发展方向就显得十分重要了"。我国学者在讨论媒介文化时,特别关注媒介文化的本土化问题,这主要是因为像一些学者所看到的那样,"长期以来,中国传播学界一直受困于两条彼此对立的研究路径——本土化与国际化。这两条路径各自以中国为本位和以西方为本位展开论争,迄今也未找到双方视角的交汇点"。吴飞、戴元光、陈卫星、吴予敏、邵培仁、潘忠党、刘海龙、单波等人纷纷围绕着本土化和国际化问题展开了热烈讨论。

本书在后面的章节里讨论各种传媒文化理论时也会提到,当代媒介文化理论来源于法兰克福学派的批判理论、伯明翰学派的文化研究。无论是法兰克福学派,还是英国文化研究,不同的批判理论在"理论旅行"过程中都会遇到"本土化"问题。同样,我国学者在介绍西方媒介文化理论时,一方面积极吸纳各种各样的西方媒介文化理论;另一方面,也借助各种西方媒介文化理论思考本土的媒介文化现象,并试图通过理论创新,努力尝试建构出一套符合本土实际的媒介文化理论,以打破西方媒介文化理论的话语霸权,当然,这样的道路是漫长的。

第四节　媒介文化理论思考的意义

　　上文介绍了我国传媒学术界一些学者对于媒介文化理论和现象的研究,这些学者的努力是值得尊敬的,他们看到了媒介文化在当代社会的重要性,也意识到全球不同国家和地区的媒体文化存在着巨大差异。尽管如此,就整体情况而言,我国的媒介文化研究还没有得到更好的发展,许多研究有待于进一步挖掘和提升,这主要表现在以下几个方面。

　　第一,我们不得不承认,媒介文化的一些重要理论都来自西方,近年来,我国传媒学术界译介了许多相关的重要理论典籍,但是对于各种西方媒介文化理论源流及发展尚缺乏系统的梳理、深入考察和细致甄别。不少人是囫囵吞枣,生搬硬套地用一些西方理论解释当下中国的媒介文化现象;一些文化阐释和文化分析牵强附会,并不符合中国历史、文化和社会现实。我们有必要通过深入系统地梳理西方媒介文化理论,弄清楚西方媒介文化理论的来龙去脉,进而更加理性地理解当今世界和中国形形色色的媒介文化现象。

　　第二,以美国为代表的经验学派长期占据着传播学科的主导位置,这是不争的事实。虽然以法兰克福学派和文化研究学派为代表的批判学派对经验主义研究进行了严厉批评,但这没有撼动经验学派的霸权地位。我国传播学科的发展情况可能正好相反,早期传媒研究以批判学派为主,因为在我国早期进入传播学领域的大多是一些人文学者,他们多有哲学、美学和文学的背景,所以他们也自然地以人文的眼光对待传播学科。不过,这样的状况没有持续多久,随着我国新闻传播事业的发展,经验主义研究迅速占据了主导位置,批判性的传媒研究日益被边缘化。从某种意义上来说,这是一种进步,但也导致了"经验至上"的媒体研究潮流,似乎批判性的研究毫无价值,特别是一些简单化的实证主义研究表现出了极端功利化的价值取向。在这种研究范式的主导下,传媒研究扮演着仅为政府、大公司和商业财团提供信息咨询的角色,传媒自身所代表的文化和意识形态被刻意回避。在这样的背景下,有必要重新认识批判理论和现实价值。

第三,就今日的中国而言,全球化社会的来临、新媒体的不断涌现,致使社会正发生急遽的变革,出现了社会价值观念日益多元、道德滑坡和信仰缺失的局面,这种局面不仅通过电视、电影和新兴网络媒体表现出来,而且许多乱象也是由个别新兴媒体本身所引发。以电视、电影和网络新媒体为主的大众传播几乎左右了人们的日常生活和精神思想,正像德国哲学家哈贝马斯所说的那样,大众传媒已经日益成为一种"操纵性的力量"。在这样的情况下,有必要重新看待批判理论在媒介文化研究领域中的价值。尽管经验主义的研究十分重要,但不意味着经验主义就是一切。德国社会学家马克斯·韦伯认为,科学是理性工具,并不包含价值判断。这是经验主义的缺陷,它无法帮助人们在道德、精神和信仰等方面有一个明晰的价值判断。面对目前中国社会价值目标混乱、公平观念缺乏、政治参与热情不高、法治意识薄弱等现象,不仅需要严密的科学研究,同时也需要理性的人文批判。批判理论不仅强调对于社会混乱现象的批判,更重要的是,它强调对于社会和人类整体状况的深入认识。在媒介文化研究中,批判理论的目的是开展媒介批评,帮助人们从整体上认识和把握各种各样的媒介现象,而不仅是提供一些简单化的数据。

第四,有观点曾提到我国较早进入媒介研究领域的多是人文学者,他们多有哲学、美学和文学的背景,习惯于以"精英主义"的批判眼光看待电视、电影、报纸和网络等大众媒体和大众文化。对于新兴的媒介文化,他们也往往不屑一顾,认为这些新兴的媒介文化毫无价值可言,并经常通过新闻个案和媒体批评告诫那些接触电视、网络等新兴媒体的大众远离"媒体"。但是本书则希望通过对西方媒介文化理论的研究,重新思考媒介文化的一些基本理论问题,改变传统人文主义者和文化精英主义者的狭隘观念,打破那种用美学的、文学的眼光简单地否定当代媒介文化价值的研究取向,并重申雷蒙·威廉斯的文化观点,即文化是"普通的",文化是"一种整体的生活方式"。另外,值得注意的是,在当今全球化浪潮和新媒体文化语境中,早期的批判理论语境已经发生了深刻的变化,我们需要立足当代社会现实,对早期的批判理论进行历史性重构,才能更好地解释全球化、新媒体语境中的各种媒介文化或新媒介文化现象。

第二章 媒介文化理论构成

关于媒介文化理论的构成,研究者做过这样的描述:"目前主流媒介文化理论主要基于欧美社会经济与文化变迁等背景,具有非常清晰的逻辑发展线索与理论的传承性。"①就媒介文化理论的系统化而言,这个判断是符合实际的。本章对媒介文化理论构成的梳理,主要涉及西方特别是欧洲媒介文化研究的重要思想学派,也是着眼于其理论体系化的相对成熟。当然,西方媒介文化理论的缺欠和局限也是显而易见的,不能完全用来解释现实的媒介文化问题,特别是我国当代社会的媒介文化发展问题。20世纪以来,我国的媒介文化研究逐步从西方媒介文化理论的因袭借鉴和解读性研究中走出来,出现了一些超越西方媒介文化理论语境的新的理论成果,尽管还没有完全达到成熟的系统化,然而对媒介文化理论建设的意义重大。本章的研究目的,主要是探讨媒介文化理论建构的历史过程,在媒介文化思想传承的线索中把握媒介文化理论演进的逻辑关系。梳理人类最初关于媒介社会文化意义的体系性认识是有意义的,这也是后来媒介文化理论衍生与发展的观念基础。

第一节 批判理论的媒介文化论

在媒介文化研究领域,批判理论是一个有不同含义、范围的概念。由于法兰克福学派评价媒介文化(大众文化)方面的"批判主义"立场极具代表性,因而相对狭义的"批判理论",主要指的是法兰克福学派的理论。

法兰克福学派对大众传播与大众传媒给予特殊的关注,如德国哲学

---

① 于德山. 当代媒介文化[M]. 北京:新华出版社,2005:16.

家霍克海默(Horkheimer)和阿多诺(Adorno)早期对报刊与广播传播的关注、本雅明对电影传播的关注、德国哲学家马尔库塞(Marcuse)和哈贝马斯(Habermas)对电视传播的关注以及大众媒介传播活动形成文化现象的研究,均在他们的理论体系中占有重要的位置。从法兰克福学派开始,大众媒介成为社会文化研究的重要范畴。不仅如此,法兰克福学派还以自己特有的文化立场和媒介态度,对早期的媒介文化研究产生了很大的影响。"他们对资本主义社会中作为压迫性结构的大众传播与媒体产生了极浓的兴趣。"①这样一种传媒的社会结构定位,就决定了法兰克福学派媒介文化研究的基本的出发点是批判的,对媒介文化评价的基本结论是否定的。当然,法兰克福学派成员的文化认识和媒介理解并不完全相同,不同思想家的媒介态度(批判的力度和否定的程度)也有较大的差异。比如,较之阿多诺(Adorno)和霍克海默(Horkheimer)等早期学者的批判态度,后起的学派重要理论家哈贝马斯则旨在批判中寻求某种建设性的态度,更早一些的德国哲学家本雅明(Walter Benjamin)对大众媒介的态度在一定程度上是肯定的。

从主流的批判立场出发,法兰克福学派的思想家对大众媒介及其文化的性质做出了定性分析。

一、媒介文化的政治权利性

批判理论对媒介文化的政治权利性,主要是通过媒介文化体现意识形态的本质和权利来认识的。在批判理论的学者看来,意识形态是一个否定性的概念。"任何一种掩盖社会真实本质的人类行为,皆为意识形态的东西。"②"对于那些至今已扩大到无法容忍的地步的意识形态概念,则应予警惕,因为意识形态不真实,是虚假的意识,是谎言。"③对意识形态否定角度的界定,是法兰克福学派评价媒介文化的重要前提,他们坚持认为,对媒介文化的批判,是意识形态本质和媒介文化的意识形态特殊关系决定的,"在

---

① [美]斯蒂文·小约翰. 传播理论[M]. 陈德民,叶晓辉,译. 北京:中国社会科学出版社,1999:413.
② [德]马克斯·霍克海默. 批判理论[M]. 李小兵,译. 重庆:重庆出版社,1989:5.
③ 朱立元,李钧. 20世纪西方文论选:上卷[M]. 北京:高等教育出版社,2002:683.

文化工业批判的各个向度都有意识形态的影子。"①因此,对媒介文化的批判,很重要的一个方面是对媒介文化的意识形态属性的批判。

"文化工业"是阿多诺和霍克海默为了区分以媒介文化为核心的大众文化和来自大众的文化而提出的概念,这种区分的目的是强调媒介文化不属于社会大众,而是统治阶级意识形态范畴的权力文化。"广播系统是一种私人企业,但是它已经代表了整个国家的权力……切斯特农场不过是国家的烟草供给地,而无线电广播电台则是国家的话筒。"在体现国家意志方面,媒介文化通过大量的文化生产活动,构建特定的意识形态环境,向整个社会覆盖隐含着权利内容和权利要求的文化信息。同时,它以精神文化生产特有的方式,营造社会大众的权利文化信息共享,从而"表明了资本主义的统一力量。就是说不用公开镇压,大众文化即把广大居民的意识与这种状况的命令连接起来""表明那些用来维护现存制度的需求和满足在何等程度上被下层人民所分享"。阿多诺将这种状况称为文化工业借助意识形态收编消费者。

德国社会理论家马尔库塞曾提出反问:"人们真的能把信息和娱乐工具的大众媒介同作为操纵和灌输力量的大众媒介区别开来吗?"这不只是说大众媒介具有工具意义上的意识形态传播功能,而且揭示了大众媒介本质上的意识形态属性。意识形态不仅是大众媒介的传播对象,同时也是大众媒介的生产对象,更重要的是大众媒介本身也体现着意识形态内容。"电影和广播不再需要作为艺术。事实上,它们根本不是企业,而转变成了连它有意制造出来的废品也被认为是意识形态。"

在批判理论的思想家看来,媒介文化既是根据意识形态目标来制作生产的文化,又是实现意识形态功能的文化,其自身也具有了意识形态的性质。因此,媒介文化绝不是一般意义上的"媒介的文化",而是包含特定意识形态内容和要求的政治权利文化。

二、媒介文化的商品性

资本性和商品性,是批判理论从经济关系的角度对媒介文化的定

---

① 潘知常,林玮. 大众传媒与大众文化[M]. 上海:上海人民出版社,2002:65.

性,也是媒介文化批判的重要依据。如阿多诺对媒介文化商品性的概括分析极其彻底:"文化工业的典型文化本质不仅是商品,它简直就是彻头彻尾的商品。""文化工业的全部实践就在于把赤裸裸的营利动机投放到各种文化形式上。甚至自从这种文化形式一开始作为商品为它们的作者在市场上谋生存的时候起,它们就或多或少地拥有这种性质。"

批判理论思想家从不同的角度,分析资本逻辑在大众媒介文化生产和传播活动中的存在与影响。从价值取向到文化形式,再到文化生产的现实关系,媒介文化处处渗透和弥漫着商品性,资本力量和利润目标是推进媒介文化发展的重要动力。

从商品性的维度看,媒介文化的内容蕴含并不是最重要的。"工业的文化商品是由它实现的价值原则支配的,而不是它的独特内容与和谐信息。"这个"价值原则"的实现过程,就是媒介文化生产传播活动中资本逻辑运作的过程,因此它不可能是由"独特内容与和谐信息"构成的意义价值。"在文化商品中,所谓的使用价值已经为交换价值所替代。""重要的是交换价值,而不是真实的价值。"资本的逻辑决定了大众媒介的文化生产与传播,必然以市场上的交换能力为价值尺度。媒介文化生产和传播的信息在多大程度上是有用的,不在于它提供了什么样的内容,而在于这样的内容能在多大程度上成为可交换的商品,在于这样的内容作为商品能在多大程度上形成市场影响力,在于这样的内容形成的商品在市场上能产生多大的经济效益。

于是,媒介文化尽管不断生产和传播着精神产品,但它已经超越人文意义上的"文化"领域,成为资本化系统的商品元素。"文化工业的每一个产品,都是经济上巨大机器的一个标本。"典型地、标准化地体现着资本化属性和商品化过程。

不仅是"文化工业"产品从属于巨大的经济机器,大众媒介的所有活动,都被置于资本化、商品化系统中,成为市场关系链条上的一个环点。阿多诺、霍克海默、哈贝马斯等对报纸、广播、电视、电影等大众传媒的商业化关系做了具体的分析:最重要的广播事业依赖于发电工业,或者电影事业依赖于银行,这说明了这整个领域都是与经济紧紧联系在一起的。①

电影院是为极权的康采恩进行营业的,无线电广播中所宣传的商品,也都是为文化康采恩服务的文化用品……人们为了钱所做出来的一切,文化工业早已提供出来了,并且把这一切都提高成了生产本身的实体②。

报纸也越来越成为资本主义企业,在这样一种背景下,报纸也就受到了企业外部利益集团的各种影响。19世纪后半期大型日报的发展历史表明,报刊业在商业化的过程中,自身也越来越容易被操纵了。自从编辑部版面的销路与广告版面的销路越来越密不可分,报刊业变成了某种私人机制,也就是说,变成了有特权的私人利益侵入公共领域的入口③。

由此可见,资本逻辑力量是一种体系化力量,它不仅决定了大众媒介自身生产与传播的商品化过程,而且造就了大众媒介之间的商业化联系,造就了大众媒介社会现实关系中的市场化系统。媒介文化商品性的实质,就在于它以体系化的形式,完整运行着资本规律、商业流程和市场机制,因而法兰克福学派思想家的媒介文化商品性批判,根本上是对资本制度、商品化生产和市场化体系的批判。

三、媒介文化的单向性

媒介文化的生产对象,是法兰克福学派思想家评价媒介文化的又一个角度。对媒介文化的生产对象的批判,也是他们基本否定媒介文化意义的重要根据。这种批判主要是围绕两个层面进行的,一是对媒介文化生产同质化产品的批判,二是对媒介文化塑造单一化精神的批判。

媒介文化的同质化生产,批判理论学者一般表述为标准化生产,其包含"复制""仿效""千篇一律""模式化""批量化"等意义。阿多诺和

---

① [德]霍克海默,[德]阿多诺. 启蒙辩证法[M]. 洪佩郁,蔺月峰,译. 重庆:重庆出版社,1990:115.

② [德]霍克海默,[德]阿多诺. 启蒙辩证法[M]. 洪佩郁,蔺月峰,译. 重庆:重庆出版社,1990:147.

③ [德]哈贝马斯. 公共领域的结构转型[M]. 曹卫东,王晓珏,刘北城,等译. 上海:学林出版社,1999:222.

霍克海默指出:"'工业'这个词不要太注意字面上的理解,它是指事物本身的标准化。""文化工业的技术,只不过用于标准化和系列生产,而放弃了对作品的逻辑与社会体系的区别。"

对机械复制时代的文化生产活动,法兰克福学派前期代表人物本雅明最先给予关注。不过,他不是以完全批判的态度表达这种关注,尽管面对工业社会导致了古典艺术的终结,本雅明有着深深的慨叹与遗憾,但他将机械复制艺术的兴起,视为与现代社会信息传播活动相对应的文化生产现象,是对古典艺术的正常历史替代,是与传统文化生产方式的必然历史对接。这使他的媒介文化理解,更富有"历史的"独到性和建设性。

另一些早期法兰克福学派的思想家,则将"机械复制"作为媒介文化生产对象批判的逻辑起点,既从内容上,也从形式上否定大众媒介的文化创造。批判的根据和目标之一,就是媒介文化以批量复制为方式的"标准化"生产。

阿多诺指出:"一个明显的错误是,大规模复制正在成为工业化时代下艺术的内在形式。"我们理解阿多诺提到的"内在形式",不是指艺术品和大众文化产品的一般形态(外在形式),而是指工业化时代下艺术生产的内在规则和尺度,就是他所说的"事物本身的标准化",即"扩散技术的理性化,而不是严格地指那种生产过程"。在他看来,大规模复制的标准化生产,不单是大众媒介的生产方式和过程,更是媒介文化生产和传播的理性原则,是大众文化本质层面的自觉的规定性。因此,"标准化生产"的批判绝不是一般的文化生产方式和产品形式的批判,而是文化生产制度和产品内含的价值尺度的批判,这是阿多诺的批判所特有的深刻性。

在"标准化生产"的理性原则和价值尺度规定下产生的媒介文化产品,是一种"暂时固定的作品",它"被到处运用,而这一切又都是因为要使一切符合模式这个目的决定的"。阿多诺谈到流行音乐时剖释:"在这里,所有的尝试都是围绕标准化的,标准化从最一般的特征延伸到最特殊的特征……""……没有任何新的东西被允许闯入,只是有意地效仿——向千篇一律的作品加一些风味而又不会对千篇一律有所威胁。"尽管阿多诺从流行音乐角度进行的大众文化评价有些是值得商榷的，但关于"标准化生产"的分析，特别是对"标准化生产"抹平文化个性和创造性的批判，还是切中媒介文化生产和传播的某些特点。

媒介文化的单一化精神塑造，是批判理论对媒介文化生产对象的延伸性认识，即由大众媒介生产的文化产品，到大众媒介借助文化产品生产的精神主体，媒介文化完整地构建了自身的物质形态和精神形态。这种物质形态和精神形态产生的文化结果，马尔库塞称之为"单向度"的文化。

"'单向度'的思想是由政策的制定者及其新闻信息的提供者系统地推进的。他们的论域充满着自我生效的假设，这些被垄断的假设不断重复，最后变成了令人昏昏欲睡的定义和命令。"马尔库塞认为，"单向度"的文化是由权力意志生产并由大众媒介传播的，它是统治阶级意识形态的一部分，借助于社会信息的传播力量形成文化影响。同时，"单向度"的文化是预设和假造的，它按照权力意志生成，靠权力赋予的垄断地位，成为强制性的社会文化要求。在这个过程中，大众媒介的文化生产充当了重要的角色。"大众媒介的专家们传播着必要的价值标准，他们提供了效率、意志、人格、愿望和冒险等方面的完整的训练。"所谓"完整的训练"，就是按照"必要的价值标准"进行媒介文化对象精神的"标准化生产"，因而整个社会的文化精神，都被标准化和一致化，"娱乐和信息工业不可抵抗的输出，都带有了规定的态度和习惯"。

同"文化工业"的主体认识相联系，批判理论强调"单向度"的文化并不是社会大众自发的文化趣味和需求趋同的结果，而是来自权力意志和媒介文化的特殊文化建构，"文化工业"的批判分析也揭示了这一点。"整个世界都得通过文化工业这个过滤器——文化工业的每一次运动，都不可避免地把人们再现为这个时候所需要塑造出来的那个样子。"霍克海默则从媒介文化的性质上阐释单一文化精神形成的必然性，将其视为大众文化的基本目标和范畴，"大众性包含无限制地把人们调节成娱乐工业所期望成为的那类人"。这里所说的"大众性"，就是指媒介文化的根本属性,也是它的生产与传播活动所依据的目标和原则。

大众媒介单一化精神生产的结果,是"单向度"的思考和模式化的生活行为。美国传播理论家洛文塔尔断言:"无线电广播、电影、报纸以及畅销书,同时成为大众生活方式的范例,也成为他们实际生活方式的一种表达模式。"这里的要害在于,媒介文化不仅通过"标准化"生产大量营造"标准化"生活范式,还影响和控制着社会公众的生活认识、理解和相应思想的表达。"标准化"的生活阻断了个性生存的空间,也阻断了创造性的人生想象和社会认识。人们根据大众媒介营造的"标准化"生活模式去思考,按照大众提供的"标准化"生活话语去表达。"不要指望观众能独立思考,产品规定了每一个反应,这种规定并不是通过自然结构,而是通过符号做出的,因为人们一旦进行了反思,这种结构就会瓦解掉。文化工业真是煞费苦心,它将所需要思考的逻辑联系都割断了。"不仅是理性的思索和表达,就是人们的情感活动,也都被限定在单一的模式中,"人正在把自己变成无所不能的机器,甚至在感情上也与文化工业所提供的模式别无二致,人们最内在的反应也已经被彻底僵化,任何特殊个性都完全成了抽象的概念……这就是工业文化的彻底胜利。"①

四、媒介文化的低俗性

对媒介文化品质的否定,是法兰克福学派批判媒介文化的重要内容。这种否定来自一个基本的文化判断——以大众文化为核心的媒介文化,并不产生真正意义上的文化。阿多诺在说明为什么要用"文化工业"术语来替代"大众文化"时强调:"大众文化一词总让人误解为文化是从'大众'中产生的,而事实上它只是在大众中自发产生的类似文化的东西,是流行艺术的短期表现形式。"有研究者对这段话做这样的理解也不为过——文化不应该从大众中来,大众中产生的文化只是"类似文化的东西"。

从这样的文化判断出发,批判理论学者坚持认为,真正的文化与能够"自发产生""类似文化的东西"的世俗生活是有距离的;对文化与世俗

---

① 石义彬. 单向度、超真实、内爆:批判视野中的当代西方传播思想研究[M]. 武汉:武汉大学出版社,2003:34.

生活关系的解释,也坚持不可调和的观点。"今天,不仅把文化与日常生活联系在一起看作文化的堕落,而且也看作强制娱乐消遣活动的理智化。实际上,人们仅从映像中或通过电影院放映的影片及无线电广播,就已接触到文化,这表明文化与日常生活已经连接在一起。"而"观看电影电视的人和收听无线电广播的人的要求,是无限增长的,急剧地暴露出了美学物质缺少的状况"。在批判理论学者看来,"文化与日常生活已经连接在一起",并不是真正的文化盛况,也不是具有真正意义的文化传播。从文化的角度看,这是一种堕落;从媒介文化的角度看,这是一种文化生产与传播的高度自觉。于是,大众媒介的文化生产与传播愈发达,文化的堕落就越严重。

批判理论对媒介文化低俗品质的指责,是以文化的批判精神和否定立场为基本出发点进行的。他们认定,媒介文化对批判精神的消解,从本质上决定了它的文化品质的低俗性。

关于文化品质,马尔库塞和阿多诺有两段重要的表述:通过消除高级文化中敌对的、异己的和越轨的因素(高级文化借此构成现实的另一向度),来克服文化同社会现实之间的对抗。这种对双向度文化的清洗不是通过对"文化价值"的否定和拒绝来进行的,而是通过把它们全盘并入既定秩序,在大众规模上再生和展现它们[1]。

文化工业别有用心地自上而下整合它的消费者。它把分隔了数千年的高雅艺术与低俗艺术的领域强行聚合在一起,结果,双方都深受其害。高雅艺术的严肃性在它的效用被人投机利用时遭到了毁灭;低俗艺术的严肃性在文明的重压下消失殆尽——文明的重压赋予它抵抗性,这种抵抗性在社会控制尚未达到整体化时期,一直是低俗艺术严肃性所固有的[2]。

"高级文化"(或"前技术文化"),是马尔库塞明确使用的一个概念,它与媒介文化相对立,并受到媒介文化的冲击。而在阿多诺那里,"高雅

---

① [美]赫伯特·马尔库塞. 单向度的人:发达工业社会的意识形态研究[M]. 张峰,吕世平,译. 重庆:重庆出版社,1988:45.
② 刘海龙. 大众传播理论:范式与流派[M]. 北京:中国人民大学出版社,2008:304.

艺术"显然是高级文化的艺术形态,但"低俗艺术"并不完全等同于低俗文化。阿多诺不否认有"高雅艺术"和"低俗艺术"的领域之分,尽管研究者们注意到了法兰克福学派媒介文化批判中的"精英主义"文化立场,导致他们对"高雅艺术"和"低俗艺术"有着不同的评价,但在文化品质判断的框架中,"社会控制尚未达到整体化时期"(相当于马尔库塞所说的"前技术"时期)的"低俗艺术",因其具有"严肃性",也是值得肯定的。马尔库塞和阿多诺认为,构成高级文化本质的,也是这样一些因素:"敌对""异己""越轨""对抗""严肃性""造反精神""抵抗性",等等。

文化的价值在于它对现存社会的否定和超越。"文化在真实的意义上,不仅是适应人类,同时也与人类共生,并借此向获得荣耀但又已僵化的关系提出抗议。"高级文化"包含着否定的合理性,在其先进的立场上,它是大拒绝——抗议现实的东西。人和万物得以表现、歌唱和言谈的方式,是拒绝、破坏并重建它们实际上生存的方式"。因此,真正的文化必然是对现实生存境遇的拒绝、批判、反抗、破坏、颠覆的文化。

在批判理论那里,"批判"不仅是文化立场和文化态度,更是文化本体。而媒介文化,自身是不具备批判精神的,"文化工业只承认效益,它破坏了文艺作品的反叛性"。无论从体现意识形态和构建意识形态的功能上看,还是从商业性质和市场动机上看,媒介文化都不可能对现存社会持否定和批判的立场,媒介文化产品也不可能像高级文化的文学艺术作品,产生超越现实精神的文化力量。"一切媒介为维护既定现实的总动员,已经协调了各种表现手段,以至越轨性内容的传播在技术上成为不可能。"这就决定了媒介文化是与富有批判精神的高级文化性质完全相反的低俗文化。不仅如此,媒介文化还同高级文化形成尖锐的对立和斗争,马尔库塞和阿多诺揭示了媒介文化对高级文化的冲击和破坏("敌对的、异己的和越轨的因素"的"消除";"严肃性"的"毁灭"和"消失殆尽")。他们认为,媒介文化的低俗性具有强大的张力,它对包括高级文化在内的所有社会文化形态,都起到销蚀作用。它对高级文化的影响,不是一般的转型和改造,而是彻底的精神瓦解——对批判性和超越性的完全否定。面对"新保守主义批评"关于大众文化环境下"古典作品重新苏醒"

的观点,马尔库塞剖释:"但作为古典作品而苏醒,它们却成了不同于自身的东西;它们被剥夺了它们的对抗性力量,丧失了作为它们真理性之向度的外化。因此,这些作品的意图和功能已根本改变。如果它们一度同现状是矛盾的,那么现在这种矛盾已被克服。"在批判理论思想家看来,"前技术文化"时代终结后,媒介文化与高级文化已经不是一般的文化分立,媒介文化已经成为覆盖整个社会的文化潮流。我们不单通过媒介文化同高级文化的对立去认识媒介文化的低俗性,我们更多的是从现实生活中弥漫的文化精神去体验媒介文化所造就的低俗文化。

第二节　传播政治经济学理论的媒介文化论

传播政治经济学理论的媒介文化论,基本的出发点是将大众传播活动视为社会政治经济现象,关注大众媒介的社会传播过程中,媒介生产活动、媒介产品、媒介传播消费等环节的商业化逻辑和交换价值效应,关注大众媒介传播活动中的政治经济权力控制和制度约束。与意识形态理论的基本判断不同,传播政治经济学理论坚持认为,大众媒介的生产与传播,首要的目标是交换价值和商业化利益,不能"简单地将生产过程视为意识形态的工具",媒介文化最重要的性质不是意识形态的,"意识形态的作用在生产过程中被彻底地整合了"①。

按照加拿大学者文森特·莫斯可(Vincent Mosco)的总结,传播政治经济学理论主要由北美学者(达拉斯·斯密塞、赫伯特·席勒、诺姆·乔姆斯基)的传播政治经济学研究成果和欧洲学者(詹姆斯·哈伦特、彼得·戈尔丁、格拉姆·默多克、阿曼德·马特拉、尼古拉斯·加汉姆)的传播政治经济学研究成果及第三世界学者的研究成果构成。主要内容涉及大众媒介传播活动及传媒文化的商品性、媒介文化的产业化运作、媒介的政治经济权利控制等问题。

---

① [加]文森特·莫斯可. 传播:在政治和经济的张力下[M]. 胡正荣,等译. 北京:华夏出版社,2000:144.

一、媒介文化的商品化

媒介文化的商品化,是传播政治经济学理论家对媒介文化性质的基本认识。"商品化指的是将使用价值转换为交换价值的过程。这个过程以多种方式延伸到传播产品、受众及劳动等社会领域。"在他们看来,商品化是媒介文化内在结构中最为健全的要素系统。

对商品化与媒介文化的联系,莫斯可做过这样的阐释:"商品化和传播的关系具有两个普遍的意义。第一,传播过程和传播科技对经济学中的商品化的一般过程起了推动作用。第二,整个社会的商品化过程渗透到传播过程与传播制度,使商品化过程中所出现的矛盾也对传播这种社会实践产生了影响。"莫斯可从宏观的、互动的社会系统关系中揭示媒介文化的商品化及其意义,媒介文化既是社会商品化的动力,又是社会商品化的产物。一方面,大众媒介的文化生产能力和文化传播活动,适应并有效地推动了整体的商品化进程,这说明媒介文化的自身属性中含有孕育和滋生商品化的动力元素;另一方面,社会的商品化活动对大众媒介的生产、传播和管理产生深刻的影响,导致大众媒介产生更深层次、更大规模的商品化程度和演变出更复杂的商品化形式,这说明媒介文化存在着与现实环境中商品化过程相对应的生产和传播运作机制,它将媒介文化的生存与发展纳入社会的商品化系统,从而使自身的文化特征体现出社会商品化文化的品性。传播政治经济学理论对媒介文化商品性的阐述,主要从三个方面展开。

第一,媒介传播内容的商品化。莫斯可指出:"政治经济学家思考传播商品形式时往往以媒介的内容为起点。具体而言,他们认为传播的商品化过程涉及信息(或者是一份资料,或者是有体系的思想)如何被转化为可在市场上买卖的产品。"这个过程,就是媒介信息的使用价值发生变化,并被交换价值所取代的过程,也就是媒介的传播活动生产剩余价值的过程。

对媒介传播的内容产生剩余价值的过程,莫斯可做了以下描述:资本主义社会新闻生产的历史由许多过程组成,其中包括商品化过程,也就是讲故事的人变为出卖劳动力(撰稿能力)赚取工资的雇佣劳动者。

资本将劳动力转化为新闻稿或专栏文章,和其他文稿及广告一起组合成整套的产品。资本把这套产品在市场中出售,如果成功,就赚取到剩余价值(利润),资本可以将利润用于扩充报纸的规模,或投资在其他任何可以带来更多资本的事业。

这段话中所描述的基本过程,没有脱离一般的产品内容商品化的形式。确如传播政治经济学理论所强调的,在生产剩余价值这点上,媒介传播的信息与其他任何商品没有什么差别。我们从中看到的,就是在传播内容商品化的框架中,一方面,媒介传播的内容,并不是自由和自主创造的精神成果,而是完全按照商品化的要求,遵循交换价值的尺度和原则生产出来的媒介定制物;另一方面,媒介传播的内容,并不是有机独立的文化信息系统,而是完全按照商品化的要求,遵循交换价值的尺度和原则进行各种商业性"组合"的媒介商品。因此,传播内容的商品化,就表现为媒介传播信息的商业利益化,它不是自主和自由生产的,它有着特定的商品利润目标,包含剩余价值的生产和获取要求。英国的传播政治经济学理论家加汉姆(Garnham)在大众媒介的属性结构上做了更为明确的分析:"将大众媒介视为经济实体具有两重性,一是通过媒介商品的生产与交换,直接发挥生产剩余价值的经济作用;二是通过广告,在其他的商品生产部门中间接发挥生产剩余价值的作用。"这里,揭示了媒介传播内容的商品化本质,以及大众媒介信息传播在社会领域中广泛的商品化活动。

第二,媒介受众的商品化。对媒介受众商品化的分析,是传播政治经济学最有代表性的理论成果,其中包含媒介传播接受过程中不同环节、不同要素的商品化确认。

加拿大学者斯密塞(Simythe)将受众放在媒介生产而不是媒介消费的框架中进行考察,在他看来,作为大众媒介产品的消费对象,受众本质上更是大众媒介的生产对象,受众消费媒介产品的活动本身就是媒介的产品。"根据他的说法,大众媒介的构成过程,就是媒介公司生产受众,然后将他们移交给广告商的过程。媒介的节目编排是用来吸引受众的……根据这个观点,受众劳动或受众的劳动力就是大众媒介的主要产品。"

有人批评斯密塞的观点,认为他只看到作为媒介产品的受众,而忽略了作为媒介产品的媒介内容。笔者的理解是:在斯密塞的媒介产品分析中,媒介内容和媒介受众处于不同的生产结构关系,属于不同层次、不同服务对象的媒介产品。相对一般受众而言,媒介的产品是媒介内容,即大众媒介通过生产和传播信息内容,来满足一般受众的消费需求。而相对媒介市场而言,媒介的产品是受众,即大众媒介通过生产受众,来实现媒介市场的占有和垄断。在媒介的资本运作下,大众媒介生产的终极目标,不可能是一般受众的消费满足,但又不能不以一般受众的消费满足为基础和前提,因为受众不是大众媒介的直接生产对象,所以大众媒介必须通过生产媒介内容和媒介内容的受众消费,才能实现媒介受众的生产。

当然,斯密塞更强调受众是大众媒介"主要的"产品和"真正的"商品,是从终极意义上对媒介生产本质的解释。许多研究者提到斯密塞在阐释媒介内容和媒介受众的关系时所作的形象比喻:"大众媒介生产的思想、形象、娱乐、言论和信息并不是它最重要的产品。它们都像20世纪出售啤酒的小店通常采用的方法一样,是'免费午餐',这种'免费午餐'是用来吸引顾客登门饮酒的。以广告费支持的电视媒体提供的'免费午餐'是喜剧、音乐、新闻、游戏和戏剧,目的是引诱受众来到生产现场。"①在这种媒介产品生产的结构关系中,一种产品是为了另一种产品而生产的。大众媒介直接生产的产品,只是一种介质性的、工具性的产品;而包含大众媒介终极性目标与价值的产品,又不是大众媒介直接的生产活动所创造的。结果,受众的商品化,就导致大众媒介直接创造的,并不是它最具有本质意义的产品;最具有大众媒介特性的内容生产,实质上成为工具生产。看起来是大众媒介提供给社会使用和消费的信息内容,只是大众媒介用来生产服务于自身市场利益而不是服务于受众的另一种产品,而这另一种产品恰恰就是受众。于是,受众本质上成了媒介的利益生产对象,而不仅是信息消费对象。莫斯可用"建构受众"来揭示媒介的商品化生产,其分析是深刻的。"大众媒介的节目安排用来建构

① 潘知常,林玮. 传媒批判理论 [M]. 北京:新华出版社,2002:185.

受众,广告商为取得受众而付钱给媒介公司,受众于是被转交给广告商。这种观点扩展了媒介商品化的空间,使商品化不仅包括媒介公司出版报纸、制作广播电视节目、制作电影等直接过程,而且把广告商或资本一般也包括进来。商品化的过程使媒介产业彻底纳入资本主义的经济体系,这主要不是因为媒介产业制造了充满意识形态的产品,而是因为它为广告商生产了受众,并且是符合广告商需要的特定的人口学特征的受众。"

同属北美传播政治经济学研究者的米汉(Meeham),也是从大众传播的接受环节入手来思考媒介的生产和交换活动。她认为媒介的商品化活动中,"交换的不是信息,也不是受众,而是收视率",并且"关于受众的数量、组成及媒介使用模型等资料的报告,才是媒介系统的主要产品"。

广告商是依据收视率来买进媒介播出时段以获取利益的,收视率成为大众媒介和广告商进行媒介商品交换时共同指向的商品。这种商品的特点是:它的利润率取决于受众的一般数量,但又与受众媒介信息接收和消费的具体行为没有太大的关联;它不是被直接交换的实体性商品,而是具有交换价值和市场效应的信息性商品;它不是单一的作为媒介生产结果的商品,而是既体现媒介生产的结果,又能够生产出新的媒介商品的商品。

相对于"受众商品"论,"收视率商品"论的意义在于揭示了"商品化过程中日趋增长的控制论(cybernetic)本质"。莫斯可也指出,"商品化必然要运用测量手段来生产商品,并且要运用监控技术来追踪生产、分配、交换和消费的过程"。"无论是用来记账还是受众调查,这些监视系统都强化了商品化过程,其方式是把观众选择收集来的信息制造成畅销产品。"因此,"收视率是控制论意义上的商品,因为它们在促成商品生产的过程中也建构为商品……收视率代表了媒介商品化过程的进步,也就是控制论商品的发展"。

第三,传播劳动商品化。传播政治经济学理论对传播劳动商品化的分析,是从媒介生产活动与媒介生产者的劳动相分离的现象开始阐释的。莫斯可从美国经济学家布里弗曼(Breverman)"构思与执行统一体"

的劳动命题出发,提到"在商品化的过程中,资本将构思与执行分离开,将技术与执行任务的原始能力分离开"。这种分离,同样存在于媒介的生产活动中,导致传播劳动的商品化。

在资本化框架中的大众媒介生产,作为生产对象的媒介产品和作为生产主体的媒介劳动,存在着矛盾和分离,比如,媒介的传播产品,并不是传播内容生产者相对自主的劳动成果,而是他们按照商品化的要求和程序付诸劳动力的结果;又如,媒介传播的内容,并不是传播内容生产者相对独立的劳动产品,而是他们按照商品化的标准和模式仿制出来的合成品。此外,传播政治经济学理论的研究者还注意到"传播系统和传播技术的应用扩展了所有的劳动商品化的过程""传播和信息技术的使用改变了构思活动的权利平衡,使权利从专业新闻工作者手中(他们对传播工具还有部分控制权)转移到控制技术系统的经理层手中"。在这种情况下,独立的、富有创造性精神的媒介产品的生产劳动,由于生产劳动者创造权利的丧失而消失,一切劳动都被纳入技术和控制系统的规范化、复制性操作,资本完成着"重构劳动"的过程。莫斯可指出:"媒介市场有个人创造的特点,这是媒介部门与许多同样具有工业生产特征的职业部门之间的差异……主要是因为媒介产业需要构思的程度相对要高。"但是,"媒介产业部门与一般经济部门的劳动过程越来越相似"。他引据米格的媒介产品类型说,进一步分析由于产业集中和劳动过程的理性化,导致媒介产品的生产劳动多样化消失的状况,即生产过程简单、创造性劳动较少的高度商品化的媒介产品特征,正在成为普遍的媒介产品特征,原来具有丰富的多样性、较高程度的艺术贡献的媒介产品特征,逐渐被高度商品化的媒介产品特征取代。这种取代和普遍化的实质,就是大众媒介生产劳动的全面商品化。

二、媒介文化的权利控制

莫斯可曾经提醒道:"传播政治经济学的确讲了商品与商品化的过程,然而它有一个偏向,即把大量注意力放在生产和分配商品的商业制度和商业结构以及规范这个过程的政府机关上。"这里是在强调,传播政治经济学对大众媒介生产和传播活动中的经济控制关系和政治控制关系予以特殊的关注。英国哲学家席勒(Schiller)就明确指出,经济和政治的制约,使媒体不再可能成为"第三种权力"或"第四部门"。在美国,大众媒介受到大公司经济上和政府政治上的"双重束缚",而这两种控制力量的根本利益是一致的。莫斯可传播政治经济学研究搭建的理论框架——"商品化""空间化""结构化",后两者就包含企业权利的制度延伸和社会权利能动力量的构成等内容。

研究者曾对传播政治经济学理论的基本精神做过总结:传播政治经济学致力于揭露传媒的两个神话:一是关于公共服务神话,二是关于言论自由竞争的神话。前者涉及的是媒介生产商品化逻辑对大众媒介公共性的经济制约,后者涉及的是媒介制度环境机制对大众媒介话语平等的政治制约,其核心话题是媒介文化的权利控制。

首先是媒介文化的经济权利控制。默多克和戈尔丁从大众媒介的权利关系入手,分析媒介经济权利控制的结构特征。他们注意到大众媒介的所有权和控制权的结构关系,将媒介运行过程中的权利分为"分配权利"和"操作权利"。"分配权利"是大众媒介的所有权,其掌控者是媒介资本的拥有者;"操作权力"是大众媒介的工作权,它体现为大众媒介从业人员对媒介实务活动的控制。默多克强调要把"分配权利"和"操作权利"区分开,它们在实际的权利运行中执行着不同的功能。而从权利的结构关系上看,区分的意义在于明确"分配权利"是具有绝对控制力量的权利。尽管媒介生产和管理人员的实际操作活动是相对独立的,但这种独立仅限于维持大众媒介的工作性运转,满足媒介运行中不同环节的特殊要求。而决定媒介性质和功能的根本性权利,是拥有控制媒介资本能力的"分配权利"。大众媒介是资本生产和运作的经济部门,一切操作活动和流程控制,都服务于资本利益和市场目标。因此,大众媒介最本质的控制,不是信息生产与传播的文化权利控制,而是资本与市场的经济权利控制。

席勒在媒体集中化和垄断趋势的原因分析中,揭示了经济权利对大众媒介的控制。他认为,媒体集中化主要来自媒体对大公司的依附。一方面是一大批小媒体对大媒体的依附,其原因是广告商向大型媒体的广告投入,挤压媒介广告市场的弱势媒体,形成媒介市场大型媒体的经济垄断;另一方面是大众媒介对拥有强大生产能力和雄厚消费服务资源的大公司的依附,其原因仍然是广告利润的竞争,由于生产能力和服务资源包含相应的广告投放规模,"媒体对广告商的依赖,实际上就是对于大公司的依赖"。于是,"媒体对广告商的依赖,使媒体成了大公司的控制物"①。大众媒介的生产和传播,在经济权利的控制下,首先不是满足社会公众的信息需求,而是服务于能够提供经济和市场利益的垄断集团。

加汉姆更加关注大众媒介产业化过程中的经济权利控制。他对媒介文化产业化的揭示,基于资本主义社会整体的产业化趋势。"在垄断资本主义社会中,上层建筑日益产业化,它被经济基础渗透,以致上层建筑与经济基础之间的区别崩溃,只剩下经济基础。"在这种整体状况下,媒介文化的产业化,实际上是社会整体经济权利控制的一部分。从经济权利控制的角度,他分析了产业化体制下媒介内容生产所受到的制约,"报纸文章或电视节目都是如此……可得的预算和劳动分工的框架能影响你说什么与如何表达"。经济利益和产业运行机制等方面的因素,控制着大众媒介的内容生产,产业化不仅赋予了媒介生产与传播以资本化和市场化的制度与形式,产业化的完善和提高,也使经济权利控制更加深入地融进大众媒介的生产内容、生产形式和生产流程,成为经济权利控制大众媒介的体制性元素。

其次是媒介文化的政治权利控制。在传播政治经济学理论那里,媒介文化的政治权利控制与媒介文化的经济权利控制是同等重要的话题。莫斯可在他的代表性著述中,多处提到传播政治经济学理论对政治权利控制的关注:"广播电视与电信业的政治经济学历史研究,非常关注政治势力中心与媒介实力中心的关系。""北美政治经济学派研究传统的另一个中心目标是:了解国家或政府与传播业的关系。""虽然政治经济学派并未忽视商品本身和商品化的过程,但它仍然倾向于强调企业与国家的制度与结构。""政治经济学派的一个重要贡献就是证明了国家与企业强权延伸商品化的过程。"

---

① 潘知常,林玮. 传媒批判理论[M]. 北京:新华出版社,2002:151.

传播政治经济学理论的政治权利控制阐释有一个明显的特点,他们不像批判理论和意识形态理论那样,集中于统治阶级意志和国家意识形态的权力分析,而是将媒介文化中的政治权利控制同经济权利控制联系在一起,揭示大众媒介的生产与传播活动中经济权利控制所隐含的政治权利控制意图,在大众媒介经济权利控制的延伸和拓展中,发现政治权利控制的目标、要求和形式。

美国著名新闻和媒体经营者默多克就曾经从大众媒介的经济和技术权利特征入手,引出一个社会政治权利范畴的思考:"当进入报业市场的名义被放宽时,更有效的生产技术的引进(改进的印刷术,机械化的排字和新的绘图能力)提高了进入市场的成本并开始将出版业的所有权集中到有权人的手中。这种发展趋势对出版业是否有能力去履行它的诺言,即为辩论提供了一个论坛以及对监督权利滥用提出了一个巨大的问号。"这一质问显然如前面的研究者所说,是在揭露大众媒介"关于言论自由竞争的神话"。

美国哲学家乔姆斯基的权力控制研究在这方面很具有代表性,他提出的"宣传模式说",揭示了企业的经济权利与国家的政治权力在媒介控制中的结合。他指出美国大众媒介中存在着"五个新闻过滤器",对社会信息的生产与传播发挥着经济权利和政治权利的综合控制功能。

同席勒一样,乔姆斯基揭示了媒介运行中大型公司的经济控制:"主流的媒体机构都是大型企业,他们为富人所控制,或者是受到所有者强硬限制或是其他市场驱动力量限制的经理们所控制。他们与其他大公司、银行以及政府之间紧密联系,拥有共同的利益。"乔姆斯基将这点称之为"第一个对新闻选择起重大作用的过滤器"。同席勒一样,乔姆斯基也揭示了广告在媒介运行中的经济控制,并将其视为第二个"新闻过滤器"。但乔姆斯基的分析,更注重经济控制的政治联系和政治效应,注重经济权利后面的政治背景和政治目的。就"第一个新闻过滤器"而言,媒体机构"与其他大公司、银行以及政府之间紧密联系",实际上包含政治控制机制对大众媒介的制约和影响,由于"拥有共同的利益",这种制约和影响并不完全是外在的控制力量,而是大众媒介谋求包括政治权利在内的社会利益共享的内在需求。就"第二个新闻过滤器"而言,乔姆斯基并没有将广告对大众媒介的影响视为政治制约关系,仅视为经济上的制约关系,在关注19世纪英国报业的研究之后,他指出:"广告,事实上,确实曾作为削弱工人阶级报纸的有力机制。"广告对报纸的经济制约背后,隐含着针对阶级制约的政治力量。他还从受众的经济地位和消费能力入手,分析19世纪社会到当今社会,大众媒介重视受众购买力的实质:"这种驱使媒体获取大量受众的观念,让媒体的'民主'大大变味。它受制于固有的弱点;它的政治独白是一种以收入来衡量的选举制度。"从大众媒介的经济制约中透见相伴存在的政治制约,以政治权利控制的视角反观大众媒介的经济权利控制,使乔姆斯基的媒介文化权利控制理论具有独特的深度。他提出的"第三个新闻过滤器"(媒体所依赖的信息源,由政府、企业及其御用的专家控制),"第四个新闻过滤器"(国家和其他政治、经济力量对大众媒介直接或间接的回应性控制),"第五个新闻过滤器"(思想和意识形态立场控制),也大都依循这样的思路,突出揭示大众媒介政治权力控制的本质、方式和手段。

第三节　文化研究理论的媒介文化论

　　文化研究理论对媒介文化的态度,同法兰克福学派的批判和否定态度不同。大多数批判理论思想家和意识形态理论思想家,倾向于把大众媒介视为一种工具,媒介文化则是完全在某种程度上自觉受制于特定政治利益、经济利益和社会权利的非自主性的文化。因此,这些思想家的媒介文化理论,基本是工具理性批判理论。文化研究理论也发现了媒介文化的意识形态意义,也注意到媒介文化的经济和商品性质,也揭示了媒介文化的权利关系,但根本的出发点不同——对媒介文化持认同和肯定的态度,从相对自主的文本意义和文化传播角度(而不是完全受控的工具角度)阐释和评价媒介文化。

一般认为,文化研究理论的主要学者有理查德·霍格特、雷蒙德·威廉斯、E.P.汤普森等,其他文化研究理论的先驱性人物还包括斯图亚特·霍尔、约翰·费斯克、大卫·莫利、莱恩·昂等。从总的倾向上看,文化研究理论的思想家强调:媒介文化是体现社会生活普遍意义的大众文化;媒介文化具有相对的独立性;媒介文化的生产、传播和接受活动是活跃的、自主的能动结构;媒介文化蕴含着积极的文化建构力量。文化研究理论关注社会文化现实和媒介传播现实,从传媒文本、话语解读、传播权利策略等方面,揭示了媒介文化的运作特征和实践意义。

一、媒介文化的大众生活属性

文化研究理论从大众的立场和世俗的视角去确认和评价媒介文化,因此他们对媒介文化的承认和肯定,是对大众现实文化生活的肯定,也是对世俗社会文化意义的肯定。

首先,文化研究理论确认,媒介文化的大众生活属性具有文化本体的意义。文化研究理论对媒介文化大众生活意义的肯定,绝不仅是一种特殊的文化形式把握,而是来自总体的文化理解。从根本上讲,文化研究理论对文化的认识,就与以往的精英主义文化立场、精神贵族式文化态度和乌托邦化文化理想不同,文化研究理论更注重从日常生活的意义上把握和阐释文化。

雷蒙德·威廉斯对文化有过这样的表述:文化具有两个方面,一是文化各成员接受训练以了解各种现成的意义和方向;二是可以获取并接受检验的各种新观察和新意义。我们就是根据以下两种意思使用文化,即第一是指整个生活方式——诸种普遍意义;第二是指艺术和学习——发现事务和创造性活动的特殊过程①。

将"整个生活方式"视为"具有普遍意义"的文化,社会大众日常的文化行为也是文化的一部分,这无疑扩展了文化理解的范围,拓展了文化的意义和价值。威廉斯明确地强调了这一点:"文化是对一种特殊生活方式的描述,这种描述不仅表现艺术和学问中的某些价值和意义,而且

---

① [英]尼克·史蒂文森. 认识媒介文化[M]. 王文斌,译. 北京:商务印书馆,2001:24.

也表现制度和日常行为中的某些意义和价值。"在他看来,文化也具有这样的功能和使命,即反映社会日常生活的意义和价值。也就是说,大众的生活方式和社会行为,蕴含着相应的文化意义;文化的价值,也生成于社会大众的日常生活中,因此也需要从社会大众的日常生活中寻求文化的意义和价值阐释。

同样的观点,霍尔从文化研究的角度也有阐述:"关键点在于通常被分开的诸种要素与诸种社会实践之间的积极且不可分割的联系。正是在这样的语境中,'关于文化的理论'被界定为'对于总体生活方式之间诸种要素的关系研究','文化'不是一种实践,也不是只对于社会'习惯与民俗'(mores and folkways)的描述体系——就像它在人类学的某些类型中那样,它卷入了所有的社会实践,是社会实践的内在关系的总和。"[①]

其次,理查德·霍格特对媒介文化大众生活属性的阐释,主要集中在大众媒介反映内容的特点上。他总结电视播放的节目"都是描写普通人的普通生活""每天反映的是日常生活的细节""它们没有特定的形式,它们不称道音乐厅意义上的'艺术'或娱乐节目;只是'把人表现为人',并乐此不疲"[②]。在媒介文本内容反映大众生活的强调中,将媒介文化的大众精神同传统文化的古典精神区别开。

无论是"整个生活方式",还是"社会实践的内在关系的总和",还是"日常生活的细节",对媒介文化来说,它的意义在于:文化存在着一个广泛的、普遍的意义和价值空间,大众媒介在这个巨大社会空间中,生产并传播特定的文化意义与文化价值。当文化理解和文化评价扩展到这样的空间或领域时,大众媒介的生产和传播活动,也被赋予了特定的文化意义和文化价值。因此,"文化即生活"的命题,是从文化本体的层面,确认了媒介文化的大众生活属性。另外,文化研究理论还在文化生成的层面,确认媒介文化的大众生活属性。

再次,同法兰克福学派否定媒介文化产生于大众的观点相反,文化

---

① 蒋晓丽,石磊. 传媒与文化:文化视角下的传媒研究[M]. 北京:华夏出版社,2008:112.
② 罗钢,刘象愚. 文化研究读本[M]. 北京:中国社会科学出版社,2000:113.

研究理论强调媒介文化是来自社会大众的文化。阿多诺曾经解释道："在我们设计的方案里,我们谈到了'大众文化'。我们用'文化工业'取代这种表述,以便一开始就排除赞同其倡导者的下述解释的可能,即这是类似一种从大众本身,从流行艺术的当前形式自发地产生出来的文化问题。文化工业必须与后者严加区分。""对于大众文化来说,问题在于它并不真是大众的,与其说它是由人民创造的,不如说它是用来欺骗人民的,它服务于统治者的利益并潜在地服务于极权主义。"可见,"文化工业"理论的提出,一方面将媒介文化同大众的文化分离,否定了媒介文化的大众生活属性;另一方面将媒介文化定位于"文化工业"范畴,视媒介文化为完全工具化的文化。

美国研究媒体学者费斯克则明确指出:"大众文化是由大众而不是文化工业促成的。"①"文化工业"描述的完全商品性和控制性,并不是大众文化的根本属性和特征。就完全的商品性而言,"大众文化不是消费,而是文化——是在社会体制内部,创造并流通快感的积极过程;一种文化无论怎样工业化,都不能仅根据商品的买卖,来进行不尽如人意的描述"。就完全的控制性而言,"不可能存在一种宰制性的大众文化,因为大众文化之形成,永远是对宰制力量的反应,并永远不会成为宰制力量的一部分"。费斯克关于文化工业与大众文化属性的辨析,涉及媒介文化的生产、流通、接受和权利关系等方面的特性。尽管严格地讲,文化研究理论所指的"大众文化"和法兰克福学派批判理论所指的"大众文化",含义并不是完全对应,但费斯克的媒介文化分析,确实包含对文化工业问题的思考。在大众文化与文化工业的对照中,费斯克强调媒介文化的大众性和对应非大众力量的独立性。

最后,文化研究理论并不否认文化工业对大众文化的影响,文化性质辨析性思考的延伸,必然是文化相关性和联系性的把握。美国学者费斯克(Fisk)也承认,"我们生活在工业化社会中,所以我们的大众文化当然是一种工业化文化"。不过,费斯克还是把"工业化文化"和"文化工

---

① [美]约翰·费斯克.理解大众文化[M].王晓珏,宋伟杰,译.北京:中央编译出版社,2001:28.

业"区分开,"工业化"在大众文化中不是作为一种属性元素存在的,更多的是指环境性、资源性因素。大众文化这种工业化文化,在文化生产过程中,与文化工业形成了某种关系。"大众文化是大众在文化工业的产品与日常生活的交界面上创造出来的。大众文化是大众创造的,而不是加在大众身上的;它产生于内部或底层,而不是来自上方。"这里显然是在强调,大众文化的生产与文化工业的产品有密切联系,但在文化性质上又不从属于文化工业。大众文化中的文化工业产品必须与日常生活形成特殊的结构关系,才能具有大众文化的意义;文化工业产品对大众文化生产的参与,不是文化工业属性的植入,也不会从根本上改变大众文化的内在性质。

对大众文化与文化工业的这种关系,费斯克做了较明确的阐释:"文化工业所能做的一切,是为形形色色的'大众的层理'(formations)制造出文本'库存'(stock)或文化资源,以便大众在生产自身的大众文化的持续过程中,对之加以使用或拒绝。""大众文化的创造力与其说在于商品的生产,不如说在于对工业商品的生产性使用。"文化研究理论不拒绝大众文化对文化工业资源的生产性利用,一方面表明,他们对早期法兰克福学派完全否定的文化工业,在某些部分和实践领域上持相对宽容的态度;另一方面也表明,他们在文化工业对大众文化的根本性影响上,还保持着一定的警惕性,因而,资源性利用和生产性使用,是他们在大众文化与文化工业关系上的基本定位和实践原则。其目的是保证大众文化的文化独立性,进而维护媒介文化的大众生活属性。

二、媒介文化的意识形态意义

媒介文化与意识形态之间的联系,是许多媒介文化理论共同关注的问题。法兰克福学派的批判理论,从文化本质的层面,揭示媒介文化的意识形态意义。意识形态理论,从社会权利结构的角度,阐释媒介文化的意识形态意义。文化研究理论也注意到媒介文化在社会政治环境和权利关系中的意识形态意义,费斯克在他的重要著作《理解大众文化》(Understanding Popular Culture)中说:"我在本书尝试的,是要指出大众文化的政治潜能,因为我相信这样一种文化实际上总是政治性的……但我们在探究大众文化的政治时,不能把我们对政治的定义局限于直接的社会行动。"它是"更为隐形却非常真实的政治化意识(大众文化的意识也是大众文化中的意识)"。尽管我们还不能将媒介文化的"政治性"直接理解为意识形态性,但媒介文化的"政治潜能"中,意识形态效能是重要的构成元素,关于媒介文化"政治性"的认识,很大程度上来自对媒介文化意识形态意义方面的认识。

文化研究理论的媒介文化意识形态意义分析,与批判理论和意识形态理论的研究路径不同,他们融合文化主义、结构主义和符号学理论,将研究重心放在大众媒介的文本生产和文本传播活动中,通过媒介符号的意义生产和受众符号的意义消费,揭示媒介文化的意识形态意义。媒介文化的意识形态运作,被视为"语言中的阶级斗争"。

文化研究理论也认为,意识形态问题与社会权利和文化权利关系相联系。"任何社会或文化都倾向于(带有或多或少的封闭性)强迫他人接受其对社会、文化和政治世界的分类标准。这些标准构成一种占主导地位的文化秩序。"[①]但更需要关注的是这种文化秩序的形成,它是通过什么样的方式和途径获取主导地位的。文化研究理论强调,"'占主导地位的话语结构'是关键所在",即意识形态问题同话语结构有更本质的联系,媒介文化的意识形态意义,主要是通过话语结构的地位关系体现出来的。对这一点,霍尔的概括非常明确:"必须通过代码参考社会生活的、经济的、政治权利的和意识形态的秩序。"对此他做了具体的阐释:社会生活的不同方面似被划归于话语领域,按等级被组织为占主导地位的或较受偏爱的意义。新近发生的、有问题的,或令人棘手的事件,与我们的预期相悖,与我们的"常识"不符,与我们对社会结构"习以为常"的知识背道而驰,所以这些事件首先必须被划归到话语领域中,然后才能被称为"有意义"。最常见的"将它们绘成意义之图"的方法就是,将新的事件归入那种现存的"有问题的社会现实的图表"中。我们说占主导地位的而不说"确定不变的",那是因为我们很可能在不止一种"图表"中对一个事件进行排序、归类、分配和译码。但我们还是要说"主导"的,那

① 张国良.20世纪传播学经典文本[M].上海:复旦大学出版社,2003:432.

是因为有一种"较受欢迎的解读"形式,其中不仅留有组织化的、政治的、意识形态的秩序印痕,并且自身也已经被制度化了。"较受偏爱的意义"领域中深埋着作为一种意义、实践和信仰出现的整个社会秩序①。

社会现实生活中的各种事物,就是这样在话语领域获得了各种各样的意义。将它们划归于特定话语领域,并赋予特定意义的,是一种制度化的"解读"力量,它同一定的组织化的、政治的、意识形态的秩序相联系。它不仅描述事物,还按照特定的意义划分事物,生产出将事物意义化的符码和话语结构。社会公众通过媒介传播了解到的,不是社会事物本身,而是社会事物的意义化符码,是被特定意识形态言语组织化的社会事物。从这个意义上讲,社会事物在大众媒介上的传播,不单单是物象符码传播,更是意义符码传播,社会事物传播的话语过程,就是将事物划归于一定意识形态关系中的过程。

霍尔还详细分析了符号话语获得意识形态意义的过程,指出在符号的内涵层面,意识形态积极介入和干涉话语,更换或改变符号的意指作用。从新的角度受到强调的代码,作为特殊话语中用来表示权利和意识形态的手段。使符号呈现出活跃的意识形态特征,进而使话语获得全部意识形态的价值,并与更加广阔的意识形态体系连接起来。

大众媒介具有将社会事物在特定的话语结构中赋予特定意义的功能,是生产具有特定意识形态价值的符号话语的重要机制,因而媒介文化的生产和传播,包含复杂的意识形态内容和意识形态化活动。注重媒介实践分析的文化研究理论,也从具体的媒介形式入手,揭示了其中的意识形态活动。他们认为,电视本身是"'意识形态工具'机构","在特定的时刻,电视播放机构必须生产出以有意义的话语形式出现的、经过编码的信息……在这一信息产生'效果'(不管怎么定义它)、能满足一种'需要'或能被'利用'之前,它首先得作为一种有意义的话语,并被人有意义地译码。正是这一经过译码后获得的信息,才能'产生效果',对人们施加影响,为人们提供娱乐;最后,起到教导或说服作用,从而造成非常复杂的感性上、认识上、情感上和意识形态上及行为上的后果"。

① 张国良.20世纪传播学经典文本[M].上海:复旦大学出版社,2003:432.

在对大众媒介意识形态化话语生产过程的思考中,霍尔还提出了"职业代码运作"这一命题,以揭示媒介文化意识形态运作的特殊方式。按照霍尔的说法,"职业代码运作"是大众媒介的职业传播人"对本来已经以占统治地位的方法表达的信息进行编码时"所采用的立场和策略。一方面,"职业代码"有自己的表述选择标准和代码操作方式,尤其在技术性与实践性运作上"相对独立于"主导代码;另一方面,"职业代码仍是在占主导地位的代码"统治"之下运作的"。从根本上讲,"它正是通过将主导概念的支配特征加以界定,并采取被置换过来的职业代码运作,起到再现主导性定义的作用"。在这里,"相对独立"的表述方式,淡化了"职业代码"的意识形态色彩,一定程度上遮掩了它的意识形态运作。因此霍尔指出:"职业代码特别擅长于不公开地把运作引至一个主导方向,从而起到重现占统治地位的定义之作用;因而,意识形态在此的再现是不经心、无意识地'在人们背后'发生的。"大众媒介符号组构的意义生产,体现了媒介文化的意识形态意义;媒介受众符号解读的意义消费,也包含在媒介文化的意识形态意义之中。

三、媒介文化的传播接受特征

媒介文化传播过程中的接受活动,是文化研究理论特别关注的问题,也是文化研究理论最富有特色的研究领域。霍尔、费斯克和莫利是在这一领域研究中有重要贡献的思想家。从他们那里,文化研究理论从文本的符号话语分析转向受众的阅读实践分析。就如费斯克所说:"我们必须将问题从人们在解读什么转移到他们如何解读。"媒介文化传播接受活动中的话语协商、解码立场、文化资源利用、意义转换、文本再生产等,是文化研究理论受众研究的主要话题。

沿袭大众媒介文本分析的结构主义和符号学方法,文化研究理论将受众的阅读活动置于一定的结构关系,阐释媒介文本接受过程中的符号和话语运作特征。

按照莫利的说法,读者对大众媒介文本的解读,不只是一般的文本意义理解,而是读者话语和文本话语的"协商"。原因在于读者话语蕴含的"广泛多样的观众及其社会经验的意义"和文本话语"刻写在节目内的社会意识"之间,存在着复杂的相对性关系。"阅听人的话语范围",会导致媒介文本阅读的各种变化,因此媒介文本意义和受众阅读意义不是完全一致的。费斯克也指出:"日常生活的体验与文本的表述世界彼此冲突的时刻,也正是社会意义与文本意义相互抵牾的时刻。""当读者的社会经验与文本的话语结构相遇时,读者的创造行为便得以发生。"受众往往是通过经验意义话语进行媒介文本解码。这里显然是在强调,受众的媒介传播接受活动,也是具有相对自主意义的生产活动。

对媒介文本受众解读的意义话语活动,霍尔和费斯克分别从两种结构框架中加以阐释。

第一,霍尔描述的结构框架,是受众媒介文本意义解读的"解码立场"结构,被称为"霍尔模式"。他将受众对媒介文本的解码分为三种情况:第一种是"占主导统治地位的立场",即受众接触媒介文本后,"完全、直接地接受其内涵意义,然后按照信息被编码时的参考代码对其进行译码,这时我们可以说,受众是在占主导地位的代码中进行译码的"。第二种是"协商式的代码或立场",它"混合着适应性和对抗性的因素。一方面,协商式的代码与立场承认占统治地位的定义进行宏观表述(抽象表述)的合法性;另一方面,在更为严格、具体(定位的)的层面上,协商式制定出自己的程序——在运作中会有不符合规则的例外。它既承认有关事件的主导性定义的特权地位,同时又保留着以较为协商式的方法将其运用于'本地情形'的权利"。第三种是"对抗式代码"的立场,表现为"一个观众完全明白话语中给出的字面意义和内涵隐义,但他偏用一种与之完全相反的方式进行译码。他以自己喜爱的代码分解信息,将信息在另一种参照体系中重新组合"。

第二,霍尔对"解码立场"的划分,旨在揭示媒介文化的传播接受活动中,受众的自主性和能动性,这种自主性和能动性集中表现为受众媒介文本解读的意义生产能力。"协商式"立场,表现出媒介文本意义解读中不同层面的符号话语矛盾——在宏观的意义层面上,受众承认媒介文本所传播主导性意识形态的权威性与合法性,并接受相应的意义代码;在具体的利益层面,受众又因多方面社会现实关系和具体情势的差异,而采用不同的意义符码运作方式,生产出与主导性意识形态不同的意义,形成意见话语的协商。"对抗式"立场,则是以颠覆和重组的方式解读媒介文本的意义,受众通过对媒介文本意义符码的替换,赋予媒介话语含义以新的代码,在受众立场上形成新的意义话语,生产出与媒介文本意义符号相对抗的意义符号。

费斯克描述的结构框架,并不是直接的受众媒介文本意义解读结构,而是媒介文本作为文化商品的价值结构。但其中媒介文化商品的价值分析,还是以受众的价值身份和意义生产为根据的。费斯克将大众媒介的生产传播活动分为"金融经济"和"文化经济"两个系统,前者流通着财富,后者流通着快感和意义。在"金融经济"流通系统,"演播室生产出一种商品,即某一个节目,把它卖给经销商,如广告公司或有线电视网,以谋求利润"。但是,文化生产的商品与一般的物质商品不同,"在它被消费的时候,它又转变成一个生产者。它产生出来的是一批观众,然后,这批观众又被卖给了广告商"。在这个过程中,受众作为被动的生产对象,只是财富价值的一个载体,成为大众媒介售出的商品。传播政治经济学理论中斯密塞(Smithee)的"受众商品化",揭示的就是这样一个过程。不过费斯克认为,斯密塞还没有从"文化意义的多重维度"上考虑问题,媒介文化生产传播的商品具有两种价值——"实用价值"和"文化价值"。媒介文化商品在"金融经济"的流通中实现其使用价值,并不是最终的结果,接下来便是在"文化经济"领域的流通,媒介文化商品的"文化价值"就是在"文化经济"的流通系统中实现的。"在文化经济中,流通过程并非货币的周转,而是意义和快感的传播。于是此处的观众,从一种商品转变成现在的生产者,即意义和快感的生产者。在这种文化经济中,原来的商品(无论是电视节目还是牛仔裤)变成了一种文本,一种具有潜在意义和快感的话语结构,这一话语结构形成了大众文化的重要资源。在这种文化经济里,没有消费者,只有意义的流通者,因为意义是整个过程的唯一要素,它既不能被商品化,也无法消费;换言之,只有在我们称之为文化的那一持续的过程中,意义才能被生产、再生产和流通。"

"文化经济"和"文化价值"的命题,是费斯克媒介文化受众研究中最具有特色的理论成果,他把"受众商品化"的认识向前延伸了一段。"金融经济"流通中作为财富价值载体而被商品化了的受众,在"文化经济"的流通中转而变成了生产意义和快感的文化价值主体;"金融经济"流通中生产出受众的媒介文本商品,在"文化经济"的流通中转而变成了受众意义和快感生产的话语资源。这种主体、对象关系的反转变化,显现出媒介文化生产与传播活动中受众的文化生产力和意义创造力。

四、媒介文化的权利结构关系

文化研究理论注重从权利结构关系的角度考察媒介文化,同时,将冲突、对抗与斗争,看作媒介文化权利结构关系的主要实践状态。文化研究理论强调:"大众文化是一种冲突的文化。"这种冲突出现在大众媒介现实运作的诸多方面和环节中,因而"大众文化总是需要一系列协商,发生在中心与周边之间、权利集团相对统一的效忠从属关系与大众多样化的层理之间、单一的文本与多元的解读之间"。

应当说,大众媒介活动中的矛盾关系和权利斗争,是具有批判倾向的各种媒介文化理论不谋而合的关注点,文化研究理论在这方面与法兰克福学派批判理论、意识形态理论、传播政治经济学理论等侧重宏观的社会政治、经济、文化视角不同,更多的是从微观的大众媒介运作的角度,阐释媒介文本层面和媒介接受层面上的权利关系与权利斗争。"微观性"作为一种研究视域,使文化研究理论的权利关系分析集中于媒介文化自身,因而矛盾、对抗与斗争的存在与生长动力,也被归结为来自媒介文化特有的实践性。费斯克断定:"在大众文化那里,大众的怀疑、抵抗以及规避态度,要比在政治领域里表现得更为明显。"究其原因,就在于"大众文化不仅保留了社会差异,也保留了这些差异的对抗性,以及大众对这种对抗性的意识。因此,在合适的社会条件下,它能赋予大众以力量,使他们有能力去行动,特别是在微观政治的层面;而且大众可以通过这种行动,来扩展他们的社会文化空间,以他们自己的喜好,来影响权利的(在微观层面上的)再分配。"这里揭示了媒介文化中矛盾关系与权利斗争的特征:对抗性的存在,是媒介文化保留的自身属性的一种体现;对抗性行动的可能性,是媒介文化的实践所提供的;对抗性行动的结果,是媒介文化社会实践范围的权利重构。

于是,文化研究理论格外关注媒介文本与大众阅读之间的权利关系和对抗冲突,前面所述文化研究理论中媒介受众研究的部分内容,就已经涉及媒介文化的权利关系问题,如霍尔的三种"解码立场",实际上揭示了媒介文本意义和受众解读的三种权利关系。如果说,"霍尔模式"是从媒介文本接受行为的类型上,阐释媒介文化的权利结构关系,那么费斯克的以下论述,则是从媒介文本接受行为的可能性上,阐释媒介文化的权利结构关系:所有的大众文化都是一场斗争过程,而这场斗争,发生在社会经验、人生个性及其与社会秩序的关系、该秩序的文本和商品的意义之上。而阅读种种关系,会再生产并重新感受种种社会关系,所以权利、抵抗和规避都必然被结构归纳到这些关系中。

倘若某种特定的商品,即将成为大众文化的一部分,它就必须创造出抵抗式或规避式用途或读法的机会,而且这些机会必须获得承认。

如果无法在文本的意义上再生产正在被斗争的权利,那么大众文化与大众社会境况之间的相关性,便不复存在。

费斯克是在强调,大众媒介传播接受活动中出现的矛盾冲突和权利斗争,早已存在于大众媒介的文本生产活动中,真正的大众文化是在媒介文本中"结构到""创造出""再生产"矛盾关系、对抗条件和斗争权利的文化,媒介文本不仅为媒介的意义解读创造了对抗与规避的种种条件和机会,其自身也是导致这些对抗与规避的权利关系的自觉生产者。因此,权利结构关系及其媒介运作,反映了媒介文化的本质属性。

第四节　结构主义理论的媒介文化论

符号学理论中的结构主义对20世纪以来的人类思想产生了极大的影响,它的理论视角和研究方法被应用于许多领域。将结构主义理论引入大众媒介的研究,运用结构分析和符号分析的方法去阐释大众媒介的文化生产和传播活动,就形成了结构主义——符号学的媒介文化论。

结构主义理论的媒介文化论,不是对特定思潮流派的界定。凡是将结构理论和符号理论作为思考路径和方法来进行媒介文化研究的思想成果,都可划入"结构主义理论的媒介文化论"的范畴。比如,前面提到的阿尔都塞、霍尔、费斯克,他们的媒介文化论具有明显的意识形态理论和文化研究理论背景,同时他们采用的是结构分析和符号分析的方法,因而也可以视为结构主义理论的媒介文化论。当然,一个思想家兼备多个理论背景也是常见的。不过,"运用理论方法"和"理论方法被运用"并不是一回事。

就媒介文化研究而言,"运用理论方法"的研究是媒介文化研究的理论成果,而"理论方法被运用"只是媒介文化研究的理论方法资源,被用于媒介文化研究的理论方法不等于就是媒介文化研究的理论内容。我们做这样的强调,是因为有些大众媒介思想研究,在确定结构主义的媒介文化理论时,混淆了思想资源和思想本体的区别。比如,索绪尔结构主义语言学关于符号能指、所指的理论,列维·斯特劳斯的神话研究理论,对结构主义-符号学媒介文化理论有着巨大的思想资源意义和理论方法意义,但严格意义上的结构主义-符号学媒介文化理论,是以大众传播媒介为对象,体现媒介文化分析内容的结构主义-符号学理论,如霍尔、费斯克、罗兰·巴特等人的相关理论。从目前的结构主义-符号学媒介文化理论的研究成果来看,对索绪尔结构主义语言学、列维·斯特劳斯结构主义理论的介绍,除了介绍者的引荐推演外,还不能充分看到它们自身成为相应媒介文化理论内容的理由。其实这还不是最重要的,更大的问题是,一些结构主义-符号学媒介文化理论的研究,将资源性的、方法性的理论作为主体性的理论来研究,用主要的精力和篇幅去解说结构主义-符号学的内容,然后自己向可以产生逻辑对应关系的媒介文化现象做一些推演,真正以大众媒介传播活动为分析对象的结构主义-符号学理论,被淹没在基本的、一般的结构主义-符号学理论分析中。

因此,这里的结构主义-符号学媒介文化理论分析,直接从以大众媒介的传播活动为研究对象的那些结构主义-符号学理论进入,主要涉及结构主义-符号学理论的媒介文化意义生产分析和媒介文化意义阅读分析。

一、媒介文化传播中的意义符号生产

大众媒介传播在文本结构和符号层面上所形成的文化意义,使结构主义-符号学理论越发意识到介入阐释与分析的重要性。"宣传全国性报纸媒体、收音机、插图新闻的发展,遑论控制社交外观的数种传播方式,已使科学符号的发展较以往更紧急。"①巴特也许是在这个问题上最为敏感和自觉的法国思想家之一,他意识到:"符号学也许注定要深入跨语言领域,其研究材料将时而是神话、叙事或报刊文章,总之所有以分节语言为第一实体的意指集成;时而是我们的文明的产物,通过某种形式被表达出来的,如新闻报道、说明书、采访、谈话,也许还包括属于幻想类的内心语言。"面对大众媒介传播影响下形成的文化现实,运用语言学模式和符号分析方法进行媒介文化研究,就成为结构主义-符号学理论的一项重要任务。

结构主义-符号学对大众媒介文化意义的揭示,主要是围绕媒介文本符号的意义活动展开,我们在前面关于"媒介文化的意识形态意义"的分析中,已经涉及相关内容。例如,霍尔就强调,符号在"内涵层面"上,"获得其全部意识形态的价值——可与更为广泛的意识形态的话语和意义结合起来……正是在符号的内涵层面上,现实环境的思想体系更换或改变了符号的意指作用。在此层面上,我们可以更清晰地发现,思想体系积极介入并干涉话语"。霍尔还结合广告传播的话语实例,分析了媒介的视觉符号,通过不同意义和联想的话语定位,成为可以与"某种文化中的深层语义代码相交"的"代码化了的符号",这种符号附加了特定的意义内容和意识形态特性。

从大众媒介的传播活动上看,符号的"代码化"是媒介文化传播中的意义符号生产过程,也就是大众媒介在传播中将符号话语赋予了特

① [法]罗兰·巴特. 神话:大众文化诠释[M]. 许蔷薇. 许绮玲,译. 上海:上海人民出版社,1999:220.

定的意识形态内容。巴特把这种蕴含意义代码的符号称作"意指"。他说:"大众媒介的发展在今日使人们空前地关注意指的广泛领域。"

"意指"这一概念来自索绪尔的语言学理论,按照费斯克的解释,"巴特充分采用这个概念以指符号在某种文化中的作用;他在索绪尔对这个术语的使用上增加了种种文化价值的向度"。因此"意指"不再仅指"某个符号或符号系统与其指涉现实的关系",而是具有了更为深刻的社会文化意义。

巴特谈到"意指"时,又多同另一个重要的概念相联系,就是"神话"。神话是一种传播的体系,它是一种信息……它是一种意指作用的方式、一种形式。我们在这里必须回想神话言谈的素材(语言本身、照片、图画、海报、仪式、物体等),无论刚开始差异多大,只要它们一受制于神话,就被简化为一种纯粹的意指功能。

神话是唯一允许以完整的方式被看待,以确然的事实所消耗的对象。我们称之为:意指作用。我们看到,意指作用就是神话本身。①"神话"是巴特在分析文化传播活动中的意义符号生产时使用的一个概念,它既能说明意义符号生产的过程,又是意义符号生产的结果。

费斯克在巴特的意指结构(意指序列)框架中解释过"神话":"它是指遍及某种文化的一系列广为接受的概念,其成员由此而对自身社会经验的某个特定主题或部分进行概念化或理解。""神话"的核心意思是:它是某种文化意义上的话语形式;它是以其内涵对公众的社会认识和生活理解形成意义制约的话语形式。

因此,"神话"的现实形式是"言谈",包括口头传播的、文字传播的、图像传播的多种形态。但"神话"的本质不在于言谈的是什么,也不在于用什么言谈,而在于是怎样言谈的。巴特强调:"神话"是由"意图"而不是"它的字面意思"所定义的,是由"它说出的这个信息的方式"而不是"其信息的客体"所定义的。"神话的言谈是由一个已经经过加工而适用于传播的素材所构成;因为神话的所有材料(无论是图画或者书写)都先设定了一种告知的意识,使人们在忽视它们的实质时,还可以对它们加

---

① 朱立元,李均. 20世纪西方文论选(下卷)[M]. 北京:高等教育出版社,2002:158.

以推论。"

可见,"神话"是特定的意义符号系统,它已经预设了解释和评价现实生活的意义根据和价值向度。在意指作用下,"神话"用"已经描绘的意义"置换了社会生活中的经验意义,用"已有的本质"淹没了现实生活中不断生成的意义和价值。"它提出了一种知识、一个过去、记忆及事实、理念、决定的相对秩序",并将人们的现实体验引向这种既定的"秩序"。

"神话"成为现实生活的意义本体,成为人们社会认识的意义归宿,这需要一个运作过程。意义符号的生产不仅是生产意义符号,还要生产将意义符号视为社会判断与评价依据的现实需求,这种需求造就了"神话"存在的合理性。也就是说,"神话"生产除自身的现实需求外,也生产出自身存在的合理性。这个生产和运作的过程,巴特称之为"自然化"的过程。

关于"自然化",澳大利亚学者约翰·哈特利(John Hatley)有一个非常清晰的解释:"将历史的东西作为自然进行表述的过程……自然化的意识形态生成力,体现为由社会、历史、经济与文化所限定的(因而是可以改变的)情景与意义被当作自然而然的东西——也就是说不可避免的、永恒的、普适的、遗传的(因而也是不容争辩的)东西而成为'经验'。"

"自然化"的本质就是意识形态的生活经验化。历史的、特定的、有限的、相对的、人为的意识和意义,被符号化为现实的、普遍的、无限的、绝对的、自然的生活体验,接受并依据这种意义符号进行的现实活动,是理所当然的过程和顺理成章的结果。"神话"成为具有绝对合理性和永恒价值的情景和意义,巴特也指出,概念自然化,是"神话"的基本功能;将历史转化为自然,是"神话"的根本原则;把意义转化为形式(符号、言谈话语),是神话的特色。他从意识形态的层面做出分析:"神话肩负的任务就是让历史意图披上自然的、合理的外衣,并让偶然的事件以永恒的面目出现。现在,这个过程实际上就是资产阶级意识形态的过程。"而"自然化"的重要途径和方式,是大众媒介的信息传播,媒介文化的世俗品性和普适的文化生存环境,使"神话"的制造和传播成为日常化的文化生产和传播活动,也使"神话"成为日常化的情景和意义,成为社会事实、生活经历和心理体验的先在的、必然的意义能指。"报纸媒体每天努力表现这种永无匮乏的神话能指。""整个法国都被笼罩在意识形态中,即我们的报纸媒体、我们的电影、我们的剧场、我们的通俗书籍杂志文化、我们的仪式……日常生活的所有事物,都依赖中产阶级所有令我们拥有在人类与世界间关系的表现。"意义符号的生产以意识形态的社会文化建构为目标,"神话"的运作最终"由符号学进入到意识形态"。我们注意到,结构主义-符号学理论关于媒介文化意义符号生产的论述,从符号学的视角切进,在意识形态分析那里,体现了特有的深刻性。

二、媒介文化传播中的意义符号阅读

从结构关系的分析原则出发,结构主义-符号学理论将媒介文化传播活动中的阅读行为,放在一个更为广阔的结构框架中去考察,他们对意义符号阅读的分析,一方面表现出结构的对应性,另一方面也表现出界域的宽泛性。

巴特、霍尔、费斯克在研究文化传播的接受活动时,提出了一个分析对象的结构框架。前面说过,霍尔的"解码立场"结构,用来分析受众的文本意义解读活动;费斯克的"价值流通"结构,用来分析受众的媒介传播角色关系。而巴特的"能指专注"结构,则用来分析受众的"神话"意义阅读方式。三个结构框架相比较,"能指专注"结构的阅读类型划分,扩展了"受众"的界域。

按照巴特的说法,在"神话"接收的过程中,对能指的专注是不同的,因而产生不同的阅读主体,形成不同的阅读活动。一种是"专注于空洞的能指"的阅读,其方式是"让概念明确地填入神话形式",也就是说,阅读者将某种"神话"情境,植入了特定的意义,赋予"神话"形式以意指性,"使它的意图明显"。这是"以概念出发并寻求形式的记者类型"的阅读活动,阅读者是"神话生产者"。另一种是"专注于一个完满的能指"的阅读,其方法是"借助揭露它来毁掉神话"。阅读者从一个完满的"神话"能指中区分出意义和形式,并将意义从神话形式中剥离开,进而抽掉植入"神话"情境中的特定意义,其结果是"解除了神话的意指作用"。这是"解除神话性质"的阅读活动,阅读者是"神话学家"。还有一种是"专注于神话能指"的阅读,其特征是将"神话"能指视为"由意义和形式所组成的解不开的整体",阅读者得到一个意指作用,并"回应于神话的组成机制及其本身的动力"。这是"依据已建入结构中的目的来耗损神话"的阅读活动,阅读者是"神话的读者"。

巴特把"神话"的接收者分为"神话生产者""神话学家"和"神话的读者",他们分别对应三种不同的阅读活动——建构"神话"意指、解构"神话"意指和消化"神话"意指,形成媒介文化传播中意义符号阅读的基本样态。可以说,霍尔的意义解读模式(三种"解码立场")和费斯克的"生产式文本"说,明显与巴特的"能指关注"模式有理论上的影响关系。但巴特的意义符号阅读理论,仍然存在后来学者并没有完全接承和诠释的独到含义,最为突出的就是"神话生产者"进入"阅读者"的界域。在巴特看来,意义符号的阅读并非只是以生成整体意义的符号为对象,在意义生成之前,面对"空洞的能指"的阅读已经开始了。这时的阅读,目的在于为符号形式生产特定的意义,建构符号的意指系统,因此"神话"的生产者首先是"神话"形式的阅读者。"神话"的阅读,有些是为着生产"神话"意义,换句话说,意义符号的生产,是以符号形式的阅读为前提的。可见,媒介文化传播中的意义符号阅读,不仅是对象的阅读,而且是生产对象的阅读。

接收者阅读活动的生产性,由于大众媒介特殊的意义身份和价值功能,而成为媒介文化传播和接受过程中普遍存在的现象。如果说巴特关于阅读活动生产性的分析,触及了意义符号生成过程前端的意指建构,那么霍尔和费斯克关于阅读活动生产性的分析,则更多地指向意义符号生成后的意指转换。就如前面分析过的那样,霍尔的意义解读模式中的"协商式"立场和"对抗式"立场都程度不同地包含着阅读者的意义代码运作和意义话语转换活动,体现了受众媒介文本解读的意义生产能力。费斯克所描述的媒介文化商品在"文化经济"领域的价值流通过程就是阅读者生产意义和快感的过程,所以他强调:"读者是文化生产者,而非文化消费者。"这是一个完全出于特殊强调的结论。相比之下,巴特对阅读者的界定更全面,他认为,既有作为意义生产者的读者,也有作为意义破除者的读者,还有作为意义消费("耗损")者的读者。霍尔所讲的"占主导统治地位的立场"的意义解读,其主体也是作为意义消费者的读者。

为了说明意义符号阅读活动中的生产性,费斯克提出了一个重要的概念——"生产者式读者"。他说:"大众文本展现的是浅白的东西,内在的则未被说明,未被书写。它在文本中留下裂隙与空间,使'生产者式'读者得以填入他的社会经验,从而建立文本与体验间的关联。拒绝文本的深度和细微的差别,等于把生产这些深度与差别的责任移交给读者。而且我们知道至少有一部分读者所做的,正是对文本深度与差别的生产。"

实际上,"生产者式读者"的阅读行为较为复杂,既是一种建立文本和体验的"意义关联性"的阅读,又是一种超越文本意指的意义再生产的阅读。所谓"意义关联性"的阅读,是创造性地使用"既存的文化资源"和"选择出的意义"的阅读,在这种阅读中,"文本和日常生活被富有意义地连接起来"。阅读所关注的,"并非质量之批判,而是相关性之感知",是"文本和日常生活之间所具有的相关性"。阅读的本质,是具有一定创造性的文本意义消费,是通过搭建关联而实现的文本意义消费。阅读的生产不是生产意义,而是生产相关性。所谓意义再生产的阅读,是"避免这个意识形态的限制,打散文本的整体结构",在文本意义之外"提供了另一种或者额外的洞见"的阅读。在这种阅读中,文本成为一个"非既定的(但不是完全未被决定的)文化资源",它不是意义本体,而是意义再生产的原始资源。阅读的本质,不是文本意义的现实验证和关系构建,而是新意义的"再诠释、再表现、再创造"。阅读的生产表现为"事后的再书写",即"生产出无数的新文本"。

第五节　后现代主义理论的媒介文化论

无论在后现代主义的界定与评价上存在着多大的差异和复杂性,后现代主义的基本精神、价值取向和文化态度还是相对明确的,那就是对现代主义思想体系及现代性观念的质疑和批判。从理论立场上看,这种质疑和批判是对传统的和现代主义所确立的一系列概念、命题、范畴、根据、原则的拒斥和颠覆,如对本质、真理、总体性、普遍性、确定性、基础、前提、准则、决定论等的怀疑;对理性、主体性、权威性、中心主义、精英主义、系统化、集中性、深度性、宏大叙事等的解构;对多元化、异质性、不确定性、无序性、相对化、或然性、暂时性、随意性、平面性、碎片化、边缘化、游戏化、大众化等所具有的反抗颠覆意义和功能的推崇张扬。当然,不可否认,和这些怀疑、解构、张扬同时存在的,是后现代主义的建设性和积极意义。

美国后现代主义的重要理论家杰姆逊(James)指出:"后现代主义的特征是文化工业的出现。"此前,他还更为明确地提醒:"所谓媒介、大众文化和法兰克福学派所称的'文化工业',难道不是像生产汽车一样制造出来的吗?因此,在我们这个时代里,我们面临着新的'文化文本'。"①后现代主义理论对后现代社会中大众媒介的文化,给予了特殊的关注。

一、媒介文化的符号价值逻辑

如果说,结构主义–符号学理论对媒介文化的符号分析,侧重揭示媒介文化传播中的价值赋予和意义植入,那么后现代主义理论对媒介文化符号逻辑的解读,则侧重揭示媒介文化传播与真实世界的建构关系。在后现代主义媒介文化理论看来,大众媒介对社会生活的文化建构,依循的不是现实价值逻辑,而是符号价值逻辑。

法国后现代理论家鲍德里亚(Jean Baudrillard)将符号价值逻辑视为"自主化媒介的逻辑",这种逻辑"是由这种与技术和编码规则相适应的系统化规定的,是由并非从世界出发而是从媒介自身出发的信息系统化生产规定的"。可见,符号价值逻辑一方面体现了符码意义编制的体系性,另一方面体现了媒介按照自身逻辑生产信息的体系性。也就是说,符号价值逻辑能动力量的背后,是媒介自主化的充分与活跃,是媒介构

---

① [美]杰姆逊. 后现代主义与文化理论[M]. 唐小兵,译. 北京:北京大学出版社,1997.

建现实文化过程中依循的自主性尺度和模式。按照鲍德里亚的解释："这就是说它参照的并非某些真实的物品、某个真实的世界或某个参照物,而是让一个符号参照另一个符号、一件物品参照另一件物品、一名消费者参照另一名消费者……象征系统的语言本身……变成与商标和广告话语相适应的大众媒介。"于是,媒介文化的生产与传播,实质上是符号的生产与传播;媒介文化建构的现实关系,实质上是符号及其能指的参照关系。在大众媒介营造的生活环境中,人们现实判断的基本依据,不是现实生活本身,而是现实生活的符号诠释。大众媒介将真实世界的存在,编制成一系列符号存在,一切进入到大众媒介视域的事物和人,都被抽取了现实存在的意义多重性与复杂性,成为承载特定价值内容的符号。人们参照某一种符号,去认识和解释另一种符号。所有的现实价值的理解,都变成了符号价值的理解。真实的世界被符号所替代,符号成为真实。

鲍德里亚把媒介文化的符号价值逻辑,放在消费社会的广阔背景下考察,因而"媒介的自主化"既有了存在和发展的现实根源,又有了生产和建构相应文化的现实条件。正是在现代人的消费需要中,物的消费变成了意义的消费,因此,真正的消费不是在物的实体上完成的,而是"通过把所有这些东西组成意义实体"来实现的。在《消费社会》中,鲍德里亚对符号消费做过阐释:"消费的社会逻辑根本不是对服务和商品的使用价值的占有……它不是一种满足逻辑,它是社会能指的生产和操纵的逻辑。"[①]"消费是在具有某种程度的连贯性话语中,呈现所有物品和信息的真实总体性。因此,有意义的消费乃是一种系统化的符号操作和行为。""为了构成消费的对象,物必须成为符号。"[②]

大众媒介是从事"社会能指的生产和操纵"的重要文化机制。在消费社会的现实环境中,消费领域的符号价值逻辑,具有一般社会活动中符号价值逻辑运转的普遍性;媒介文化则以文化现实的普遍性,维系、扩展和再生产这种符号价值逻辑的普遍意义。因而媒介文化不仅是符号

① [法]鲍德里亚. 消费社会[M]. 刘成富,全志钢,译. 南京:南京大学出版社,2000:78.
② 许正林. 欧洲传播思想史[M]. 上海:上海三联书店,2005:494.

价值逻辑产生现实力量的推动机制,其自身也是符号价值逻辑建构的文化现实。对大众媒介信息生产和传播形成的文化现实,后现代主义理论从存在的本质性方面进行思考和阐释,进而提出用于描述媒介文化的存在本质性的范畴,即包括"仿真""类象""内爆""超真实"等在内的概念体系。如"仿真的意思是,符号只进行内部交换,不会与真实相互作用(这是符号平稳操作的条件)。符号获得了解放,从它曾经可能指称某事某物的'陈旧'义务中解脱出来,最终获得了进行结构和撮合游戏的自由,游戏接替了以前的确定对等功能"①。又如超真实"已经不是模仿或重复的问题,甚至也不是戏仿的问题,而是用关于真实的符号代替真实本身的问题。这是一个超稳定的、程序化的、完美的描述机器,提供关于真实的所有符号,判断真实的所有变故……超真实离开了想象的庇护,离开了真实与想象的差别,它只为模型的轨道重现和仿真的差异生成留出空间"。

关于"仿真""类象""内爆""超真实"等概念范畴指称的现象,后现代主义的媒介文化理论将其视为历史的、时代的文化规定性,因而符号价值逻辑是一种历史性存在,或者说是一种体现历史进程规定性的文化逻辑。鲍德里亚将"创造"—"生产"—"仿真"看作文艺复兴时期以来历史过程的三个序列,而"仿真是被符码主宰且代表目前历史文化的主要方式""超真实是符码化现实的组成部分,它永远不加改动地持续着",这种历史化的界定,赋予了符号价值逻辑的现实运动以特殊的历史规定性和历史文化意义。在此基础上,进一步确认以符号价值逻辑为基本运作依据的媒介文化,在存在本质性方面所形成的现实关系,也是这个时代的文化现实关系的体现。正是在这个意义上,鲍德里亚这样描述当今现实的存在本质:"今天,整个系统都在不确定性中飘摇,所有真实都被符码和仿真的超真实所吸收。现在调控社会的不是现实原则,而是仿真原则……""今天,现实本身就是超真实的……生活已经没有可以直面的虚构,甚至没有生活超越的虚构;现实已经进入现实的游戏。""到

① 汪民安,陈永国,马海良. 后现代性的哲学话语:从福科到赛义德[M]. 杭州:浙江人民出版社,2000:308.

处都是'类象的创世纪'……所有伟大的人文主义价值准则、所用道德、审美和实践判断的文明价值观,都在我们的形象和符号系统中不见踪影。这是符码主宰一切的典型结果。"

这就是媒介文化所构建的超真实的现实,也是媒介文化自身所体现的超真实的文化现实景况。它不仅湮灭了现实作为本体存在的真实性,而且也解构了现实作为价值存在的意义性。大众媒介在符号逻辑和仿真原则下生产传播的文化信息,以类象的形式覆盖社会生活的现象空间和意义范畴,形成超现实的拟态符号世界。在这个拟像的世界中,人们以符号的认知形成现实理解,以符号意义的理解去选择和创造现实价值。一切现实活动的根据,都来自大众媒介通过符号价值逻辑运作所建构的符号现实。

二、媒介文化的商业化逻辑

同许多具有批判倾向的媒介文化理论一样,后现代主义思想家的媒介文化认识,也触及了商品化性质的问题,他们将其归结为媒介文化的"商品化逻辑"或"资本逻辑"。

在后现代主义中,由于广告、形象文化、无意识以及美学领域完全渗透了资本和资本的逻辑,商品化的形式在文化、艺术、无意识等领域无处不在,正是在这一意义上我们处在一个新的历史阶段,因此文化也就有了不同的含义。

后现代主义的文化已经是无所不包了,文化和工业生产及商品已经紧紧地结合在一起,如电影工业,以及大批生产的录音带、录像带等。在19世纪,文化还被理解为知识,听高雅的音乐,欣赏绘画或是看歌剧,文化仍然是逃避现实的一种方法。而到了后现代主义阶段,文化已经完全大众化了,高雅文化与通俗文化、纯文学与通俗文学的距离正在消失。商品化进入文化,意味着艺术作品正在成为商品,甚至理论也成了商品;当然这并不是说那些理论家用自己的理论换取财富,而是说商品化的逻辑已经影响到人们的思维①。

---

① [美]杰姆逊. 后现代主义与文化理论[M]. 唐小兵,译. 北京:北京大学出版社,1997:162.

按照上面的表述,媒介文化商品化逻辑的现实力量可以理解为:首先,商品化的形式体现在社会文化的各个领域,导致社会整体文化的传统意义被颠覆,媒介文化成为后现代社会整体意义上的文化现实。甚至可以说,后现代社会的文化,就是以商品化逻辑为存在和发展逻辑的媒介文化。其次,文化品性差异的消失,导致传统的文化形态结构发生变化,商品化逻辑抹平了不同文化的性质界域,将其统一在体现自身逻辑规律的文化形式之中,商品化逻辑成为统治性的文化逻辑。最后,文化阐释和评价的思想独立性被解构,对文化现实的解读和论证建立在商品化逻辑的思维框架下,文化的价值体系由包含商品化逻辑的文化内容构成,文化存在的合理性体现为文化的现实运动中商品化逻辑操作的可行性。具备这样的价值体系与合理性的、现实的文化存在,就是媒介文化。

如果说,鲍德里亚从符号价值逻辑的角度阐释了媒介文化的类象化,那么杰姆逊则从商品化逻辑的角度阐释媒介文化的类象化,杰姆逊这样理解商品化逻辑与类象化文化现实的关系:"商品物化的最后阶段是形象,商品拜物教的最后形态是将物转化为物的形象。我竭力想描绘的这个过程就是事物变成事物之形象的过程,然后,事物仿佛就不存在了,这一整个过程就是现实感的消失,或者说是指涉物的消失。"

在杰姆逊看来,形象脱离现实指涉关系而成为超真实,这是商品化逻辑现实运转的必然过程,也是商品物化的必然形式。现实感的消失,则是商品化逻辑最终成为现实的文化逻辑的必然结果。杰姆逊沿用了鲍德里亚的"类象"概念,同样也对类象化文化现实的存在本质做了深刻的分析,其内容强调:类象化文化是没有任何历史感和现实感的文化,类象本身就是现实真实,因而一切关于现实的认知和判断,都是以类象为对象的认知和判断。类象没有据以生成的原本,甚至类象中看不出人为的活动,它成为不容怀疑的自然而然的现实真实。

把类象化同大众媒介的文化生产与传播联系起来,杰姆逊重提本雅明的"机械复制"理论,杰姆逊强调"后现代主义中最基本的主题就是'复制'",而类象化文化,就是机械性复制和商品复制的文化。"我们的世界是个充满机械性复制的世界,这里的原作、原本已经不那么宝贵了。""形象、照片、摄影和复制、机械性的复制以及商品的复制和大规模生产,所有这一切都是类象。"杰姆逊阐述的深刻性在于,类象不仅是消失了原本和现实感的形象现实,大众媒介文化产品的自身复制、大众媒介复制文化产品的方式、大众媒介对复制的文化商品的复制,都是类象的现实活动,媒介文化在生产和传播的各个环节,都体现了类象的性质和现实形式。其中,文化商品的复制,是大众媒介以商业化逻辑为依据所进行的文化产品复制,也是以市场利益为目标的媒介文化产品复制。文化商品的大规模生产,则是大众媒介文化产品复制方式的商业化形式,是遵循商业化逻辑的媒介文化产品生产,也是遵循市场利益目标的媒介文化产品传播。可见,类象化集中体现了媒介文化的商品化属性,媒介文化的类象化,也实现了商品化逻辑在社会文化生产传播中的运转和控制。在这一点上,鲍德里亚也得出了同样的结论:"正是在时尚、媒体、广告业、信息通信网络等生产层面上,换言之,正是在拟象和代码的领域内,才得到整个资本过程的统一性。"

三、媒介文化的场域权利关系

在后现代主义理论那里,"场域"(field)(也译成"场")是一个重要的权利结构概念。场域作为一个相对有机的结构,内部存在着构成元素之间的权利制约关系;某一场域作为相对独立的结构,同外部的其他各种场域形成相互的权利影响关系。因此,权利关系,是场域理论重要的分析基点,也是场域理论的媒介文化认识与评价的重要内容。

法国文化社会学家布尔迪厄(Bourdieu)是对场域理论有独特阐释的思想家。他从社会空间结构关系的角度,对社会文化传播活动作了分析,"场域"是他提出的一个核心性概念,用于解释人们的社会地位、社会利益、社会行为的相互关系及影响。"从分析的角度看,一个场域可以被定义为在各种位置之间存在的客观关系的一个网络(Network),或一个构型(Configuration)。"从"场域"概念,又延伸出"文化生产场"的概念,他将"文化生产场"划分为两部分,分别是"有限文化生产场"和"规模文化生产场"。前者是高度自主的文化生产活动,后者是受控于外部消费因素的文化生产活动。布尔迪厄也是对媒介的场域做出深刻分析的思想家,他将媒介传播活动放在"文化生产场"的范畴中,认定新闻传播属于"规模文化场"的文化生产活动,据此又提出"新闻场"的概念。

布尔迪厄曾反复强调,新闻场是一个极特殊的权利场域。它具有的特殊性就是比其他的文化生产场,如数学场、文学场、法律场、科学场等,更易受外部力量的钳制。新闻场直接受需求的支配,与政治场和经济场一样,远比科学场、艺术场甚至司法场更受制于市场的裁决,始终接受着市场的考验。

与别的文化生产场相比,新闻场在结构上更易受外部压力的侵扰①。布尔迪厄是在同其他场域的对比中发现了新闻场的突出特征——权利的特殊受控性。而他所列举的其他领域中,媒介传播作为内部结构元素产生的作用不是很明显,因此,新闻场权利关系的特殊性,实际上体现了更大范围的媒介场的权利关系特殊性。布尔迪厄在新闻场权利关系相关原因的分析中,涉及的也都是媒介因素,如媒介体制、媒介人、媒介生产、媒介产品等方面的权利受控关系。尽管布尔迪厄没有明确提出媒介场的概念,但他对新闻场的分析,基本是媒介范畴的场域分析,而对新闻场权利关系的阐释,也具有揭示媒介文化权利关系的意义。

从布尔迪厄的新闻场分析中可以看出,新闻场所特殊承受的外部控制力量,主要是"商业性"和"市场"的压力。就是说,就文化生产场域而言,商业和市场力量对新闻场的控制尤为强烈,这是由新闻场的内部结构关系造成的。布尔迪厄注意到"新闻场的组织结构与别的场的组织结构是类似的",他又强调:"同时要看到在新闻场中,'商业性'的分量要重得多。"在新闻场的内部结构中,存在着与市场控制力量相对应的"商业性"因素,它是外部商业化力量控制的内在应和力。因此,外部压力会在新闻场的"结构上"产生作用。布尔迪厄在《新闻的影响》(*The Impact of the News*)一文中总结了"新闻场特有的结构":一方面是媒介机构的自主程度,主要的影响因素是媒介的广告收入(体现市场的制控力量)、国家的资助和信息提供(体现政府的制控力量);另一方面是媒介传播者的自主程度,主要的影响因素是传播者的媒介就业状况(体现媒介业态的制控力量)、传播者职业行为的媒介依据(体现媒介决策——如商业化的传播定位——的制控力量)、传播者与媒介的劳动关

---

① [法]皮埃尔·布尔迪厄. 关于电视[M]. 许钧,译. 沈阳:辽宁教育出版社,2000:85.

系(体现媒介体制的制控力量)、传播者独立的信息生产能力(体现媒介分工,如对市场因素依赖较强的新闻生产的制控力量)等。显然,这些结构因素都与"商业性"利益目标密切相关,都与"市场化"利益途径密切相连。这些结构因素的存在和关系状况,影响新闻场的自主程度,进而影响新闻场对外在控制力量的承受和容纳程度。

新闻场是一个极特殊的权利场域,不仅自身的结构关系中体现着权利控制的各种形式;更重要的是,作为文化生产场域中存在的一种文化力量,新闻场还对其他文化场域形成特殊的权利作用。"所有的文化生产场都受制于新闻场的结构……一个越来越受制于商业逻辑的场域,在越来越有力地控制着其他的天地……同样,借助整个新闻场的作用,经济又以自己的影响控制着所有的文化生产场。"这就是说,从媒介文化的层面上看,新闻场所具有的媒介文化意义,主要体现在它通过对其他文化场域的权利影响,来建构现实的媒介文化精神。

关于新闻场对其他文化生产场域施加的影响,布尔迪厄总结为两个方面:一是推行新的文化生产形式;二是推行文化市场的评价原则。布尔迪厄的深刻在于指出,根据这些生产形式和评价原则作出的文化评价,将市场化的媒介控制和判定给予了合理性与有效性。新闻场的文化生产,不仅是新闻产品的生产,更是生产形式和生产观念的生产。就生产形式的新闻生产而言,新闻场通过对其他文化生产场的影响,加剧了整体文化生产形式上的非自主性。市场运作动机对文化生产自主精神的排斥,大众媒介(主要是电视)的生产形式迎合文化消费对象的需求,导致更广泛的文化生产,在文化消费潮流的影响下,趋向于追求经济利益和市场目标,从而丧失了文化生产的精神实质。就生产观念的新闻生产而言,新闻场以自身的"特殊逻辑",对社会的文化生产进行评价,同时又以其知识信息地位和广泛的影响,将这种评价所依据的商业化、市场化标准,提升为衡量文化生产与文化产品的一般尺度,形成普遍的文化价值观。由受制于市场裁决,到形成适应市场控制的自身结构,再到这种自身结构产生控制其他文化生产的影响力,新闻场最终实现了媒介在文化意义上的现实建构。

第三章　媒介文化研究的视角

进入21世纪以来,中国大陆地区的媒介产业在经营规模、技术水平及内容制造和传播能力方面都取得了巨大的进步,成为流行文化产业的中坚力量。有些学者认为媒介文化是大众社会的"必要之恶",另外一些学者则视之为消费社会的娱乐,也有学者强调其对市民社会的启蒙作用,总之认为媒介文化研究不可能是一元化的。学者金元浦指出,媒介文化研究十分重要,然而"只研究媒介文化是远远不够的,当代接受研究早已把文本研究与观众的社会学、人类学研究结合起来。并由此出发,向媒介文本与观众的社会接受之间的对话交往研究发展,向媒介的文本研究与媒介的社会功能、技术功能的对话互动研究转化,向一种更具涵容性也更具多样性的'文化研究'模式发展"①。

"媒介文化"这个研究视角包含三个向度:①媒介的时空构型研究。由于不同媒介的物质形态(physical forms)编译、存储并传输不同的信息,所以不同的媒介组织时间和空间的方式不同,它们在文化上具有不同的时间、空间偏向。如伊尼斯的时空偏向论,麦克卢汉的"地球村"理论和时空压缩观念。②媒介的感知构型研究。媒介因为人需求的产生而改变,当人的任何一种感觉或身体的功能通过媒介技术的形式得以具体化时,人也因为媒介的形态而产生新的感知和行为尺度,因此改变着整个文化和社会形态。如麦克卢汉的"媒介是人的延伸"的相关理论。③媒介的隐喻构型研究。媒介技术决定了什么信息被选择、被编码和被传输的方式,以及信息如何被解码。从这个角度来看,媒介像是一种隐喻,用一种隐蔽但有力的暗示来塑造整个文化的特征,如拉康(Lacan)、福柯(Foucault)、鲍德里亚等人的相关理论。

---

① 金元浦. 文化研究的视野:大众传播与接受[J]. 天津社会科学,2000(4):102-104.

第一节　媒介的时空构型研究

传统的三维物理空间概念描述了物体之间相互关联的问题,主要涉及位置、距离、体积、路径等基本的子概念。传统的时间概念主要反映了周期的循环和线性的历史。爱因斯坦的"相对论"启发研究者把时间视为附加于空间之上的第四维,形成空间-时间的时空构型。"此在"不仅是空间化的,也是时间化的。"现在" 是"此在"在其空间和时间的交织关系中的偶合。空间-时间具有主观的建构性。传播架起社会成员之间空间-时间的连续的桥,使信息得以跨越物理的障碍,传之万里又跨越千年。这样,空间-时间便包含人类的传播行为和意义,并通过人类的传播实践得到了生产和再生产。由于形态不同,各种媒介组织空间-时间的方式并不相同,引发了诸多学者的关注和思考,如伊尼斯的时空偏向论,麦克卢汉的"地球村"理论和时空压缩观念,而近年的讨论则主要集中在"赛博空间"的问题上。

一、"传播的偏向"

哈罗德·伊尼斯擅长政治经济学、经济史、传播学和文明史等领域的跨学科研究。他的两本代表作《传播的偏向》(*The Bias of communication*,1951)和《帝国与传播》(*Empire and Communication*,1950)对媒介技术、时间和空间这三要素之间的关系进行了讨论。

伊尼斯敏锐地觉察到,一种新媒介的优势(the advantage of a new medium)将导致一种新文明(a new civilization)的诞生,所以他创造性地依据媒介的形态和性质对世界文明做出了具体的分期。伊尼斯还认为任何特定的传播媒介在时间和空间上均有其偏向性(biased)。也就是说,一种传播媒介对于知识在空间和时间中的传输会产生重要的影响,而这种对时间或空间因素的相对注重将意味着被植入其中的文化会出现意义的偏向(bias of significance)。伊尼斯观察每一个历史分期中社会组织对媒介的使用方式以及因此而产生的社会影响,这些影响一方面表现为社会结构的变迁,另一方面表现为文明的演进。例如,在印刷时代到来之前,诸如羊皮纸、陶土和石块等材料是"偏向时间的媒介",在传播上更具持续性。它们能禁得住时间销蚀,却难借助空间来传递。因为与具体地方的物质在场紧密相连,所以这类媒介带来的是比较安定的社会,能将过去、现在和将来联结起来。"偏向时间的媒介"注重历史和传统,促成了宗教和民族性的政体,有助于树立权威,便于形成等级森严的社会体制。相反,那些轻便的纸莎草和纸张则属于"偏向空间的媒介"。"偏向时间的媒介"关注扩张和现世,它们随着跨越空间的各种行政关系的发展,促进了世俗制度和政治权威朝着非集权化的方向发展,带来了以地方分权制为特征的帝国统治的形成。

一种传播媒介的长期使用和普及,其偏向性将影响被传播知识的特性以及文化的活力和灵性。所以伊尼斯提倡政治体制让"不止一种媒介的倾向在文明中得到反映;一种媒介的分散化偏向被另一种媒介的集中化偏向所抵消"①。

伊尼斯的研究将文化变迁的关键要素归于该文化中的主流传播媒介。他的分期方法在麦克卢汉那里得到继承和发扬,是麦克卢汉的重要理论来源之一。

(一)"地球村"

20世纪50年代,麦克卢汉开始借用伊尼斯的"工具"来发展自己的媒介理论,从研究被传播的信息内容飞跃到对传播形式本身的研究。20世纪60年代他出版了三本专著《古登堡星汉璀璨:印刷文明的诞生》(*The Gutenberg Galaxy: the Making of Typographic Man*,1962)、《理解媒介:论人的延伸》(*Understanding Media: the Extension of Man*,1964)和《媒介即信息》(*The Medium is the Message*,1967)。

麦克卢汉认为,媒介构筑了新的参与形式并形成了空间上的联系。在《古登堡星汉璀璨:印刷文明的诞生》和《理解媒介:论人的延伸》中,麦克卢汉都谈到了"地球村(global village)"的问题。麦克卢汉指出视觉化的、具个人主义色彩的印刷文化将被电子媒介带来的口语文化所代替,

---

① [加]伊尼斯. 传播的偏向[M]. 何道宽,译. 北京:中国人民大学出版社,2003.

"电子互赖（electronic interdependence）"使碎片化的社会重新"部落化"，形成一种"地球村"式的社会组织形态。"地球村"概念揭示了电视对物理时空进行压缩和重构的过程。麦克卢汉指出，"正是来自世界各地的新闻和图片组成的普普通通的信息流，重组了我们的精神生活和情感生活，无论我们是抱着抗争还是接受的态度""由于电力使地球缩小，我们这个地球只不过是一个小小的村落。一切社会功能和政治功能都结合起来，以电的速度产生内爆，这就使人的责任意识提到了很高的程度。正是这个内爆的因素，改变了不同种族和其他一些群体的社会地位。从交往受到限制的政治意义上来说，要遏制这些群体已经不再可能。他们现在与我们的生活息息相关，正如我们与他们的生活紧紧地纠缠在一起一样，这些都得归因于电力时代的媒介"。

目前，电子媒介在全球以越来越快的速度重新确定传播效果，实时传播的"新闻事件"跨过各种国界得到重新的语境化。"无时间之时间"和"流动空间"成为新文化时空的表征；时间表现为即时性、普遍化、压缩化、时间界限的模糊化和结构的弹性化；空间表现为空间界限的消解与空间的流动性、压缩性、碎片化以及空间实质的虚拟化等特征。凯利、梅罗维茨等人认为，传播媒介重构了时间和空间，从而有益于主体间的各种社会关系的形成。通过电子媒介我们频频在场，建构和维系着跨越时空的各种社会关系。结果，人人都与每个他人相关联，形成一种可触知的同步文化。

（二）"处处皆中心，无处是边缘"

20世纪60年代麦克卢汉提出"地球村"的概念，其背景是电子媒介的兴起，尤其是电视媒介的迅猛发展。多年之后，国际互联网的出现引发了关于"地球村"概念的讨论热潮。1999年被誉为"数字麦克卢汉"的美国媒介理论家保罗·莱文森（Paul Levinson）将麦克卢汉的"地球村"概念推进到了"处处皆中心，无处是边缘"的网络时代。

莱文森指出广播时代是儿童的"地球村"、电视时代是偷窥者的"地球村"，网络时代是参与者的"地球村"。他做了这样的解释：广播是单向媒介，罗斯福发表广播讲话时和民众的关系宛若父子关系，"听收音机的人，无论其年龄大小，都成为匍匐在父亲脚下的孩子……1945年罗斯福去世时,他们悲痛得像失去了一位父亲"。电视也是单向媒介,满足人通过电视节目偷窥他人生活的好奇心,"人们在肯尼迪遇刺时的感觉,更像是别人的孩子被汽车压死时那样的感觉,有一点超脱,也不那么悲痛。'地球村'在成长,通过电视,村里人从收听者变成收视者,从小孩子变成'窥视者'"。网络才是互动媒介,实现了真正的全球互动,"麦克卢汉创造这个词汇时,实际上,'地球村'还是一个'窥视者'的村落,根本不是互动意义上的村落。现在情况变了,凭借 CNN 等卫星电视,'地球村'里连续不断滚动的传播业已成为现实。同样,凭借互联网和万维网,'地球村'里的互动性也已经变成现实"。

(三)赛博空间

随着计算机技术的进步和互联网的不断发展,"地球村"的概念被进一步拓展为"赛博空间(Cyberspace)"。"赛博空间"一词是"控制论(cybernetics)"和"空间(space)"两个词的组合,由加拿大科幻小说作家威廉·吉布森(Willian Gibson)在 1982 年首次创造出来。很快,这一概念不仅在科幻小说中,而且在计算机工业和关于信息技术的理论思考中成为一个流行词汇。吉布森将"赛博空间"描述为一种三维的矩阵(matrix),"从人体系统的每台电脑存储体中提取出来的数据的图像表示复杂得难以想象。一条条的光线在智能、数据簇和数据从非空间中延伸,就像城市中的灯光一样渐渐远去……"。

可以认为,"赛博空间"通过将人类的一切体验都归为逻辑运算,实现了对以往各种空间-时间的高屋建瓴的统筹构型。对"赛博空间"来说,位置是以 IP 地址来描述的,距离则以信息传送所需要的时间来描述,体积以信息容量来描述,路径则是信息传递中的一个又一个链接之间的跳转。赛博化时间表征为即时性、普遍化、压缩化、时间界限的模糊化和结构的弹性化,意味着原有的、不可再造的、线性的时间变得可以剪辑、重组和拼接;赛博化空间表征为空间界限的消解与空间的流动性、压缩性、碎片化以及空间实质的虚拟化等,意味着三维空间世界被打破,穿越空间、时间的物理和社会维度成为一种可能。

随着网络技术向社会文化全面渗透,"赛博空间"已极大地改变了我们获取客观世界信息和重构客观世界模式的方式。"赛博空间"是"混杂的"空间,它不仅是超越人类生命发生于其间的地理空间或历史空间的一种新的体验维度,而且也是进入与我们日常生活所有方面都有关的迷宫式关联域。

对于媒介的时空构型所带来的文化影响,研究者评价不一。麦克卢汉认为,"地球村"将等级、统一和个体化的印刷文化弃置一旁,使全球公民都回到了一种与口语社会的文化有许多相似之处的共同文化。鲍德里亚与麦克卢汉的观点相似,强调了媒介在各"主体间性"关系形成中的作用。但是鲍德里亚对离散更为强调,他认为所谓大众社会的建立,过去是以文化霸权特性的某些民主形式为基础,而这些形式反过来又通过集中化的传播技术发挥作用。今天,随着随身听、卫星接收站和录像、录音机的创造,媒介技术具备了个体化的效应。由这类发展引发了社会控制的各种新形式,与其说是被整合进一个大众社会,倒不如说是一种文化离散。英国社会学家吉登斯的看法较为折中,他提出传播技术即蕴含统一意蕴,也有促成多元化的潜能。当媒介内容越少地取决于空间和时间的接近,媒介越发受到事件的驱使,不仅使远处发生的各种事件变成日常生活不可分割的一部分,而且使现代媒介内容也成为一种拼贴效应。这既使人类形成共享单一世界的观点,又使人们意识到这个世界的多样性。杰姆逊则认为媒介的意识形态效应源于其形式而不是内容。电子媒介通过对新闻和事件的快速传递,很快地将近期的经验变成遥远的过去,使人产生一种短暂感和肤浅感,并剥夺了主体的历史过程感。杰姆逊不无辛辣地说,电子媒介的这种特性对具有普遍性的历史健忘和对偶尔更具集体形式的思想交流,均起到了推动的作用。

第二节　媒介的感知构型研究

我们对外界的了解依靠感官和中枢神经系统与外界进行互动。对外界的认知和判断也取决于我们对外界进行感知的工具——感官和中枢神经系统。麦克卢汉的"媒介是人的延伸"的相关理论指明,媒介形塑着我们的感官和神经系统。口头传播时期、文字传播时期以及电子传播时期,人类感官之间的相互作用以及思维的方式都有其自己的特点。当人的任何一种感觉或身体的功能通过媒介技术的形式得以具体化时,人也因为媒介的形态而产生新的感知和行为尺度,因此改变着整个文化和社会形态,所以麦克卢汉说:"我们塑造了工具,此后工具又塑造了我们。"

一、"媒介是人体的延伸"

麦克卢汉把媒介技术比作人体或人类感官的延伸,提出"媒介是人的延伸"。这里的媒介是广义的媒介,泛指一切人工制造物和一切媒介技术。麦克卢汉在《理解媒介》(*Understanding the Medium*)中列举细说了26种媒介,且都用了一个奇妙的比喻:弓箭是手臂的延伸,轮子是腿脚的延伸,衣服是皮肤的延伸,口语是思想的延伸,文字是口语的延伸,拼音文字是视觉的延伸,印刷术是文字的延伸,近代机械文明、民主政治和个人主义等是印刷术的延伸,电子媒介是大脑的延伸,网络是大脑的延伸,等等。在麦克卢汉的视角下,各种现代传播技术被表征为人体的延伸。每一种新的媒介技术都具有令人入迷的力量,因为它把各种感觉分离。当任何一种感觉或身体的功能通过技术的形式得以具体化时,官能的分裂和各种感觉之间的比例变化就会出现。对此问题,麦克卢汉进行了纵向和横向的多种比较分析。

以纵向时间为脉络,麦克卢汉将文化发展分为三个主要时代:口媒介时代、文字印刷媒介时代与电子媒介时代。口媒介时代是拼音文字发明之前的时代。在这个阶段,听觉生活占支配地位,"人生活在感官平衡和同步的世界之中。这是一个具有部落深度和共鸣的封闭社会"。但是,拼音文字的出现改变了这一切。拼音文字是视觉功能的延伸与放大,它"像炸弹一样降落在部落社会中""把人推出部落社会,让他用眼睛代替耳朵,用线性的视觉价值和分割意识取代了整体、深刻、公共的互动"。印刷术进一步强化了拼音文字的线性思维与分割意识,并且使文字可以清楚、无限制地加以重复。麦克卢汉认为，这导致了人类在社会生活与心理感知上的剧变。从社会的角度来看，印刷术引发了民族主义、工业主义、庞大的市场出现以及个人主义价值观的普及等。而从更根本的心理角度来看，印刷术导致了部落时代人们的整体感知方式的彻底割裂与分解，时间与空间成为连续的、可以量化的线性序列。这种切分和割裂的感知方式，将文字印刷媒介的"易于分裂而又整齐划一的性质加以延伸，进而使得不同的地区逐渐实现同质化"。因此，麦克卢汉指出，文字印刷媒介时代有一种"外爆"的特征：由于印刷术的作用，功能分离（或曰爆炸）在一切层次和一切领域中都迅速展开。

在电子媒介时代拼音文字发端时所引起的外向爆炸，在瞬息万里的电流速度的冲击之下，将要逆转为内向爆炸。其他媒介都是人的身体的某种感官及其功能的延伸，电子媒介则是人的中枢神经系统的延伸。电子媒介的信息传播具有瞬息万里和容量巨大的特点；"电光印出的文字和电的速度，顷刻之间就将其他一切人关注的东西倾泻在每个人的身上，并持续不断地将其倾泻在每个人的身上"。因此，在麦克卢汉看来，正是电子媒介的这一本质特征再一次引发了人类心理与社会的剧变。从外爆逆转为内爆，电子媒介突破了原有媒介的单一感官功能的特点，把所有的感官重新整合起来，把文字印刷媒介的线性视觉感知模式，转换为同步的、综合的中枢神经式的意识"整体场"模式；"在机械时代，我们完成了身体在空间范围内的延伸。今天，经过了一个世纪的电力技术发展之后，我们的中枢神经系统又得到了延伸，以至能拥抱全球……我们正在迅速逼近人类延伸的最后一个阶段——从技术上模拟意识的阶段。"

根据媒介使感官卷入的程度深浅，麦克卢汉又对媒介进行了"冷媒介"和"热媒介"的划分。他认为"热媒介"只延伸一种感觉，并使之具有充满数据的高清晰度，并不留下那么多空白让接受者去填补或完成。"冷媒介"或者叫"低清晰度的媒介"，提供的信息少，要求接受者自己去填补的信息多。麦克卢汉还认为，由于"任何热媒介容许的参与程度比冷媒介容许的参与程度要少，正如讲课比课堂讨论有利于较低的参与程度一样",所以"热媒介具有排斥性,冷媒介具有包容性"①。继承麦克卢汉的思想,莱文森分析了网络文本的互动特性,指出了其背后蕴藏的冷动力。

二、媒介是感知的"尺度"

麦克卢汉将由媒介本身性质产生的符号编码方式和符号组合结构称为"尺度"。他指出,"任何媒介(人的任何延伸)对个人和社会的任何影响,都是由于新的尺度产生;我们的任何一种延伸(或曰任何一种新的技术),都要在我们的事物中引进一种新的尺度"。例如,钟表把时间再现为独立而精确的顺序,文字使大脑成为书写经历的石碑,电报把新闻变成商品。

麦克卢汉认为,"媒介影响现存社会形式的主要因素,是加速度和分裂"。他认为文字创造的环境就具有强烈的分割性和个人主义。"西方人从读书识字的技术中获得了行动时不必反应的能力,我们学会了以顽强超脱的态度去完成最危险的社会运作的艺术,这种超脱是不卷入行动的姿态。"在加速方面,麦克卢汉指出"在机械时代中,许多行动都不用过分地瞻前顾后。慢速的行动准会推迟相当长的时间。可是今天,行动及其反应几乎同时发生"。此外,新形式的媒介相比昔日旧形式的媒介被赋予新奇的强度,这种"新强度或高清晰度使生活中产生专门化和分割性""任何其他形式的媒介,只要它专门从某一方面加速交换或信息流通的过程,都起到分割肢解的作用"。

在麦克卢汉的理论感召下,尼尔·波兹曼等后继学者则继续对每种媒介带来的感知尺度进行思考。例如,波兹曼在《童年的消逝》(*The Passing of Childhood*)中指出,由于电子媒介占据了文化的中心地位,其结果是人生阶段被重新划分,"在电视时代,人生有三个阶段:一段是婴儿期,三段是老年期,中间段我们可以称之为'成人化的儿童'"。显然,电子媒介模糊了成人和儿童的界限;而且由于界限的模糊,还造成了人格的扭曲和变异。电子媒介不仅模糊了儿童和成人的界限,还"迅速、平等地揭示成人世界的全部内容",彻底击毁了所有的文化秘密和与之伴

---

① [加]麦克卢汉:理解媒介:论人的延伸[M]. 何道宽,译. 北京:商务印书馆,2005.

随的羞耻感,"没有什么是神秘的,没有什么是令人敬畏的,没有什么是不能在大庭广众之下展示的"。电视袒露了我们原来极力向儿童保密的东西,成人世界被电视毫无保留地向儿童开放,结果儿童原本十分珍视的"文字、学校、羞耻心"三种重要灵物变得一文不值,直接造成了16世纪在印刷术的刺激下形成起来的儿童概念趋于消逝。

三、"媒介等同"

如今,互联网已经使"神经系统"能够笼罩整个地球,个体、社会和媒介产生了共同的叠层,构成人机交融的新传播情境。戴瑞克·德科柯夫(Derrick De Kerckhove)指出,人的整个身体都与计算机制造的环境接触,受众正在被一个有着丰富结构的电子化的旋涡所吞没,我们正在成为半机器人(cyborg)。目前的媒介感知研究已经从关注媒介对人隐性、长远、间接的影响,发展到关注人、媒介与环境的整体互动层面。当研究者将麦克卢汉对媒介形式的关注放在了人机对话的情境中进行考察时,以"媒介等同"的理念将媒介客体主体化,就带来了媒介思维上的新突破。"媒介等同"的理论归结为人性化媒介,或者说媒介的人性化。这在人与自然物、人与人之外增加和强化了人与媒介这样一个新的研究维度。

例如,在早期的人机互动中,人机界面设备包括头盔显示器、数据手套、方向跟踪器等,目前,已经可以隐去任何形式的界面而把电子感应装置直接与生物神经网连接起来。人机交流的参与者不是置身屏幕之外观看计算机图像的观察者,而是计算机制造环境的参与者,其各种自然感觉和举动都可以被实时采集和整合入数据库,从而引起计算机制造环境的实时改变。在相关的试验中,研究者也观察到人和计算机制造环境之间的融合无间,参与者能够以自然的方式与计算机制造的环境发生互动并沉浸其中(Steuer,1992;chultheis & Rizzo,2001)。另外,人和机器之间也产生了微妙的融合。

巴伦·李维斯和克利夫·纳斯则在进行了大量严格控制条件的实验后提出了"媒介等同(the media equation)"的理论。他们总结说,"我们发现个体(人)与电脑、电视机新媒介的互动在本质上是社会化和自然化,就像真实生活中人与人之间的互动一样"。所谓媒介等同是指媒介不仅是工具,人们饱蘸社会、情感因素去接触自己周围的媒介,从而把媒介当成"社会生活的积极参与者",因此,"和人足够接近的任何媒介都会得到和人一样的待遇"。笔者认为"媒介等同"包含三个层次的基本内涵:第一,在媒介内容方面,受众"自动的反应就是把看似真实的东西当成现实中真正的存在"。第二,在媒介形式对人机互动的影响方面,美国作者李维斯和纳斯通过试验发现,"毫无疑问,内容很重要……然而,内容并非遵循等同理论的唯一特性。媒介的形式也同样重要——媒介的大小、形状、忠实性、声音与动作的同步性等,这些特性能够影响人们对媒介内容的反应"。第三,在人机关系方面,当媒介被赋予人性化(包括内容展示的人性化及媒介设计形式的人性化)倾向时,人们会与媒介进行整体的和感性的接触,从而引起心理上一种自然的社会反应;尽管这些心理反应有些是潜意识里所没有意识到的,但都会引起人们对媒介的某种情绪,进而引起人们对媒介的独特交往行为,即无意识里的主体间交往。所以,"媒介不仅是工具。媒介受到礼貌的对待,媒介能侵占我们的身体空间,媒介有着和我们一样的个性,媒介可做一个队友,媒介也有性别的不同。媒介能激发感情、引起我们注意、使我们害怕、影响记忆力、改变人们固有的观点……总之,媒介是我们生活的积极参与者"。

麦克卢汉晚年提出了"媒介四定律"。他认为任何一种媒介(尤其是新媒介)的发展都经历了放大(amplification)、过时(obsolescence)、再现(retrieval)和逆转(reversal)四个过程。①放大:该媒介提升或放大了什么(What does the medium enhance)。②过时:该媒介让什么过时了(What does the medium make obsolete)。③再现:该媒介使哪些曾经过时的东西又重新恢复兴盛(What does the medium retrieve that had been obsolesced earlier)。④逆转:当该媒介要被抛弃时,它逆转了什么东西(What does the medium flip into when pushed to extremes)。"媒介四定律"高度抽象地概括了媒介演化过程中对人类感知尺度的塑造过程。麦克卢汉的媒介观常被研究者批判为"技术决定论",然而,我们不得不承认,正是自他开始,人们对于媒介的认识才进入了媒介感知研究的广阔空间。对于媒介形式对人类感知的塑造和异化,麦克卢汉有着隐隐的悲观,他说道,"我们观看、使用或感知任何技术形式的延伸时,必然接受它。听收音机和看书报时,必然将这些延伸纳入自己的系统之中,必然要经历接踵而至的感知'关闭'和感知'位移'。正是因为持续不断地接受日常使用的技术,所有在与我们自身这些形象的关系中,我们才进入了潜意识和知觉麻木的角色。由于不断接受各种技术,我们成了它们的伺服系统。所以,如果要使用技术,就必须为它服务,就必然要把我们自己的延伸当作神祇或小型的宗教来信奉。从生理上来说,人在正常使用技术(或称之为经过多神经延伸的人体)的情况下,总是永远且不断地受到技术的修改。反过来,人又不断寻找新的方法去修改自己的技术。人仿佛成了机器世界的生殖器官"。

波兹曼亦对"技术垄断文化"持批判态度。在《技术垄断:文化向技术投降》一书中,波兹曼将人类文化分成三种类型:"工具使用文化""技术统治文化""技术垄断文化"。在他心目中对"技术统治文化"进行了批判。所谓"工具使用文化",是指工具只被用来做两种事情:一是解决物质生活中的迫切问题,比如耕地;二是为精神世界服务,比如建造教堂。"无论是哪一个目的,工具都不会侵害(更加准确地说,发明它们的目的不是要侵害)它们即将进入的文化的尊严和完整。"波兹曼认为,欧洲直到中世纪仍然且基本上是这种文化。到了"技术统治文化"阶段,工具不再能够被整合到文化里面去为文化服务,相反却开始向文化发起攻击。而到了"技术垄断文化",祷告可以用青霉素替代;认祖归宗可以用迁移搬家替代;阅读可以用看电视替代;受约束的困境可以用立竿见影的满足替代;罪孽感可以用心理治疗替代;政治意识形态可以用受欢迎的魅力替代;技术是赢家,文化是输家。然而在唯科学主义观念上百年的宣传灌输之下,文化往往看不到技术作为敌人的一面,反而还热烈欢迎技术,心甘情愿地向技术投降①。

---

① [美]尼尔·波兹曼. 技术垄断:文化向技术投降[M]. 何道宽,译. 北京:北京大学出版社,2007.

与麦克卢汉和波兹曼的悲观态度不同,保罗·莱文森提出了"弥补性媒介"(remedial media)的概念,指出媒介演化所具有的"人性化趋势"(anthropotropic evolution of media)。莱文森认为,"一切媒介都是立竿见影的弥补性媒介",都是对过去的某一种媒介或某一种先天不足的功能的补救和补偿。媒介进化论是一种系统内的自调节和自组织,其机制就是新媒介对旧媒介有弥补作用,当代媒介对传统媒介有弥补作用,这种弥补使媒介更加人性化。"我们发明了窗户,对于原来的墙壁来说,这是改善。比起厚重的、黑乎乎且不透光的墙壁,或者有孔而不保温的墙壁来说,有窗户的墙壁好多了。后来我们发现,这个发明使窥视者能够往里看,于是我们又发明了窗帘。我们发明了电脑的运行软件'视窗'……'视窗'是一种改进。当我们发现'视窗'的问题之后,我们可能要发明和窗帘一样的东西""互联网可以被看成弥补性媒介,因为它是对报纸、图书、电台和电话等媒介的改进"。莱文森还认为"人是积极驾驭媒介的主人,不是在媒介中被发送出去,而是在发号施令,创造媒介的内容。对别人已经创造出的内容,人们拥有空前的自主选择能力"。

第三节　媒介的隐喻构型研究

传统上,我们对社会真实的认知来自文化传统、信仰及价值观念的感召,来自居住地及所从属群体的直接影响。而现在,我们对社会真实的建构,是以媒介为中介的。媒介不仅通过影响我们的感官和中枢神经来构型我们对世界的感知,还通过其内在的框架来影响我们对真实的认知。因此,波兹曼认为媒介像是一种隐喻,用一种隐蔽但有力的暗示来定义现实世界,其中媒介的形式极为重要,因为特定的形式会偏好某种特殊的内容,最终会塑造散文化的特征。

不同的媒介形态对真实的构型并不相同。与口头媒介时期重复性的对话方式,使个体被约束于彼此依赖的纽带之中不同。印刷媒介的真实构型是符号再现和个体化的,稳定的文字、线形的因果逻辑、理性的元叙事支撑着这种构型方式。言说者与听话人之间的距离,培育了自我反省的概念。书被静静阅读的过程中,审美静观、审美沉思的价值观念也得以形成。20世纪30年代,摄影、摄像技术发达,大众文化兴盛,媒介的真实构型方式是符号复制和大众化的。电子媒介技术发展使人类从以印刷文字为中心的"读文时代"转向一个德国哲学家马丁·海德格尔曾预言的世界"图像时代"。图像已经成为当代支配性的媒介形式,它改变了社会认知与人际交往的模式,引发出深刻的文化变迁。海德格尔指出,"从本质上来看,世界图像并非意指一幅关于世界的图像,而是指世界被把握为图像了"。世界被把握为图像,即借助于媒介技术,世界被视觉化了。整个世界成为福柯意义上的"全景敞视式的政体",全景式的凝视成为一种强有力的视觉实践模式,把主体一一捕捉到它的网络之中。关于媒介隐喻的分析更多的是从拉康、福柯和鲍德里亚的理论里吸取批判资源。

一、拉康:"镜像"

奥地利心理学家弗洛伊德提出了"本我、自我、超我"这样一种"人格心理结构"理论。与此相对应的三种意识层面即"潜意识、前意识、意识"。意识处于表层,是可以被感知的,也是受到各种外界和意识形态所制约的。潜意识指人类心理活动中未被觉察的部分,弗洛伊德又将潜意识分为"前意识"和"无意识"。前意识则介于潜意识和意识之间,是指那些此刻并不在一个人的意识之中,但可以通过集中注意力或在没有干扰的情况下回忆起来的过去经验。在弗洛伊德看来,人的整个心理过程和实质都可以归结为潜意识,人的一切心理活动都是潜意识的外在表现。法国心理学家拉康用结构语言学的理论和分析方式来解释精神分析学,将无意识语言化。拉康认为,无意识是语言赋予欲望以结构的结果。与弗洛伊德力图探索人性的本能和人性最深层的真实性不同,拉康更加关注的是人类通过自我误认而逐渐失去真实自我的过程。

"镜像"理论是拉康于1936年提出的概念。而"镜像阶段"就是通过我认同处在我之外部的镜中形象,把我自身构成一个具有整体性的肯定形象的过程。拉康认为,"镜像阶段"发生在 6～18 个月的婴儿期。人在婴儿时期,因神经系统尚未发育成熟,而生活在一个欠缺身体整体感的不和谐时期。给予这种支离破碎的身体统一性,让自己拥有肯定感觉的就是自己映在镜中的形象。在此期间,婴儿从认为镜像小孩是另外一个儿童,到认出其实那就是他自己,从而建立起想象的二元关系。在这一阶段,婴儿首次充分意识到了"自我"这一概念,即"镜像阶段"便是"自我"的确认阶段。实质上,当婴儿确认镜像即自身时,他也获得了另一双眼睛,也就是说,他认为镜中的那个镜像正是自己在别人眼中的形象,镜子面前的自己正用他人的眼光来审视自己。因此,拉康认为,眼睛才是"自我"的真正来源。

拉康将镜像描绘成保证主体自身连续性、统一性的心灵母体。虽然这个镜像是视觉层次的,但它给"我"这个容器穿上了真伪难辨的外衣,给自身以完整性,表明了"我"这个主体的正当性。在当代社会,媒介成为提供各种镜像的主要来源。而观众"凝视"屏幕的情景,则与婴儿在镜中寻求自我确认时的情景非常相似。观众用眼睛盯着屏幕中的形象,也会如同婴儿一样向影片中的角色寻求认同,把自己的目的和欲望投射到影片中的人物身上,然后反过来再与人物所体现的动机和价值形成认同。

媒介影像视觉的强势力量不仅影响了人们的外在形象,还影响了人们的语言行为,更影响了人们的性格甚至思维。为了整合分裂的自己,为了把自己结构为人,受众需要他者的介入,需要对他者的认同、效法和模仿。媒介提供的镜像把不稳定的存在扩展为完整而永恒的形象,人们不由自主地屈服于电影和其他媒介影像中五光十色的想象境界,被这个和谐的形象所迷惑,被其迷人的统合性所俘虏,并接受着其中所传达的种种暗示,痴迷于与之建立的认同关系。结果,受众接受了这个外部的镜像,在他者的形象中体验自己,走上了映射在他者幻想中的人生。

但是,这个由媒介所提供的镜像也蕴含着内在的矛盾。受众所认同的形象虽然给予了肯定的统合情感,但终究是他者的形象,把自己的整合性寄托于外部的受制感会使主体陷入某种不均衡状态。而且受理想镜像的迷惑,亦会使我们视野狭窄,失去探寻真相的机遇。拉康还将主体的建构与他者的"凝视"结合在一起。他认为,"凝视"不仅是主体对物或他者的看,而且也是作为欲望对象的他者对主体的注视,是主体的看与他者注视的相互作用,是主体在"异形"之他者的凝视中的一种定位。因此,凝视与其说是主体对自身的一种认知和确证,不如说是主体在他者欲望之网中的一种沉陷。凝视是一种统治力量和控制力量,是看与被看的辩证交织,是他者的视线对主体欲望的捕捉。拉康说:"世界是全视的,但这不是裸露癖——它不会挑逗我们的凝视。当它开始挑逗时,陌生感也就开始了。"

拉康认为,大众媒介中流行的"真人秀"节目就体现了一种贪得无厌的凝视他者的欲望。拉康指出,因为他人尽管是作为我们的代理人,但当我们自鸣得意地坐在舒适而安全的客厅里时,他们却在经受可怕的冒险,以博取我们的快感,满足我们对崇高的个人经验的渴望——尽管是替代性的。电视真人秀"既在那里又不在那里"的能力,废除了公民的参与,因为它模糊了观者积极地介入社会和消极地介入社会之间的区别。

二、福柯:权力

福柯关注的是历史断裂处所显示出的历史真相。福柯指出,传统的权力理论常常把权力问题简化为统治权的问题,如什么是统治? 统治是怎样构成的? 什么样的服从契约把个人绑在统治上面? 即把权力的本质看成一种司法机制。而福柯认为权力问题不应该过多地从司法的角度来考虑,而应关心权力行使的技术、战术和战略。他仔细研究了西方文明史,通过对性、政治、文明、权力、规训与惩罚等事物以及其制度的考察,福柯发现了隐蔽在知识话语中的权力思想,比如,精神病人如何被确认和隔离,依据什么标准对精神病人进行诊断和医治,规训与惩罚制度由谁来确定。通过对知识和权力关系的历史研究,福柯注意到权力话语对人本身的自在状态的强大压制,所以在无处不在的权力体系中,人的主体实际已经死亡。

福柯将权力视为非中心化的、多元的、分散的关系存在。为此,福柯使用了"微观权力"这一概念。微观权力在政治、经济、教育、家庭、国家、生产关系中的形态是多种多样的,渗透到了现代社会的各个不同的局部领域,如监狱、军队、工厂、学校以及话语知识、肉体等,使用灵活多样的策略来运行。

福柯认为无所不在的、不同点之间的、关系中的权力以网络的形式运作,"权力从未确定位置,它从不在某些人手中,从不像财产或财富那样被据为己有。权力运转着","在这个网上,个人不仅在流动,而且他们总是既处于服从的地位又同时运用权力"①。

福柯发现,权力本质上是生产性的,而不是压制性的,社会组织体系能够运转,并不是因为它使用权力对主体施加惩罚,而在于社会权力本身能够生产出自觉投入社会组织体系的主体,"实际上,权力能够生产。它生产现实,生产对象的领域和真理的仪式。个人及从他人身上获得的知识都属于这种生产"②。

福柯认为权力制造知识,权力和知识是直接相互连带的。权力具有国家机构以外的形式,权力机制的具体实施也并非只能通过意识形态的操控,它可以用更直接、更肉体,但又不同于暴力、武力的方式,通过对空间、时间的划分,对动作、活动的安排,促成知识的发展,进行权力运作。"现代规训技术的有效性使人类陷入无法逃遁的权力——知识罗网。"

福柯还考察了现代社会无所不在的注视或监视的建制力量,他以边沁设计的"全景敞视监狱"作为现代社会建制。"全景敞视监狱"是一种环形建筑,它被分割成若干个小囚室,每个囚室上都有两个窗户,监狱中心是一个瞭望塔,看守从这个塔楼里可以看见每一间囚室及囚室里的犯人,而犯人却无法知道他们是否被监视。他们只能假设自己每时每刻都可能被监视并相应调整自己的行为。这些小囚室就像一个小笼子或小舞台,每个演员仿佛被观众凝视着,但他们无法知道瞭望塔内的情况。这种纵向的可见性,意味着他们能够被观察。再加上在建筑物内他们是

---

① [法]福柯. 必须保卫社会[M]. 钱翰,译. 上海:上海人民出版社,1999.
② [法]福柯. 规训与惩罚[M]. 刘北成,杨远婴,译. 北京:生活·读书·新知三联书店,2003.

独立囚禁区,这种横向的不可见性确保他们不能相互串通,或者有集体逃跑的行动或其他犯罪活动。"全景敞视监狱"不但使被囚禁者在隔绝状态下生活,而且使他们有一种无时无刻不被监视的感觉。福柯认为传播技术可被用来监督不那么有权势的人,权力的行使使这些人最具有可视性。随着国家监督扩大,某些隐私权也随之而来。现在,力求无可视性的是权力本身。公众允许一系列先进的监督技术的使用使自己在场并记录自己的各种行为,尽管那些监视他们的个体行为的人是藏而不露。现代权力的宗旨,就是使自己成为不可视的。权力的隐匿特性违背了表征和非集中化的民主观念,因为民主这一观念就是使社会生活的更多方面表露无遗、无处不在。福柯进一步强调,民主的概念是一种共享的语境准则,囊括了社会的广泛关注。民主需要为多元的试点和戏剧或辩论的挑战形式提供体制上的基础。福柯指出传播技术既能引发公共的反思,也有发生惩戒性机制的危险。信息技术具有被用来制造道德犯罪的个体化情况。媒介报道试图提供不正当行为的清除例证,将规范化的行为准则强加于大众。福柯还认为信息量的增加和我们文化在总体上的加速发展,已经使批判性反思显得更加困难。

三、鲍德里亚:"超真实"

鲍德里亚关注的主要问题是大众媒介的技术特征和模拟文化的普及性。1972 年,鲍德里亚在《符号政治经济学批判》(*Symbol Political Economy Criticize*)中发表了《媒介的挽歌》(*The Elegy of the Medium*)一文。他认为马克思的"经济还原论"或"生产力论"将生产力定义为一个被授予特权的领域,而语言、符号和交流都被排除在外了。1973 年,在《生产之镜》(*The Mirror of Production*)一书中,鲍德里亚提出媒介在当代社会中的作用是完成了以生产为特征的现代文化到以模拟为特征的文化的转向。在《符号交换与死亡》(*Symbol Exchange and Death*)一书中鲍德里亚提出了"拟像三序列"(*The Three Orders of Simulacra*)说。根据消费、媒介、信息技术的发展,鲍德里亚探讨了媒介和信息、拟真和拟像、内爆和超真实所构成的文化景观。

鲍德里亚列出了历时性的"拟像三序列",即仿造(counterfeit)、生产

(production)和拟真(simulation)。拟真是拟像不断生产和增殖的过程，造成"内爆"。鲍德里亚进一步强调，内爆是一种"另类的暴力"，"它规避了传统外爆型的暴力机制。内爆型的暴力再也不是由于系统的扩张，而是由于自身的堆聚与退却，也就是如同星球系统的例子——那样的暴力，遵循着社会性的不平常密度化。某个过于规格化的系统样态，过于淤积性(堆积着知识、信息和权利)的网络，以及某个超导性控制系统，投注于所有的互通路径"。内爆的结果之一是"超真实"。拟像虽然首先能"反映基本现实"，但会"掩饰和歪曲基本现实"，进而又会"掩盖基本现实的缺场"，最后进行到"纯粹是自身的拟像"领域，不再与任何真实发生关联。"对真实的精细复制不是从'真'字本身开始，而是从另一种复制性开始。如广告、照片等——从中介到中介，真实化为乌有，变成死亡的讽喻，但它也因为自身的摧毁而得到巩固，变成一种为真实而真实，一种失败的拜物教——它不再是再现的对象，而是否定和自身礼仪性毁灭的狂喜：超真实(hyperreality)"。

鲍德里亚将媒介阐释为主要的拟真机器，鲍德里亚认为我们各种最隐秘的事情通过媒介技术像举行仪式一般被公之于众。"已经不再有传统的那种躲藏的、抑制的、禁止的或朦胧的淫秽；相反，现在是可见的，一切都过分可见的。这是再也没有任何隐私的、完全融于信息和传播的淫秽。""场景使我们兴奋，淫秽使我们着迷"，我们进入了主体性的一种新形式，在其中我们被信息、影像、事件和狂喜浸透了。没有防御和距离，文化的过剩生产，意味着被生产出的信息量超出了主体的阐释能力。客体已经使主体灭绝。任何事都不会引起受众的全神贯注，玩世不恭已经成为一种习惯。以1971年的美国电视节目《罗德家庭》为例，鲍德里亚分析了电视媒介中的真人秀节目。鲍德里亚认为拍摄罗德一家时所拟制出来的幻想——仿佛电视根本就不在那里，是制作者的胜利。在这个"逼真"的经验中，它的问题不在于所谓变态快感的隐秘性，而在于因逼真而产生的颤悚，或者说，是某种超现实的美学——一种因令人眩晕的、虚假的精确性而产生的颤悚，因同时性的原理和扩大而产生的颤悚，因范围的扭曲而产生的颤悚，因过度的透明而产生的颤悚。在那里，我们看到了真实从未有过的样子（但那就是"就仿佛你压根儿不在那里"），并且没有给予我们透视空间和广阔视野的距离（但那就是"比自然更真实"），在微观化的拟仿中得到的快感，允许现实过渡到超现实中。媒介和信息混淆，再没有字面意义上的媒介了。它在现实之中变得无法分辨，成为弥散的和碎裂的。"再也不是你在看电视，而是电视在看你。"鲍德里亚认为，这一转换是从"全景式敞视的监视机器"到某个威慑系统，这就是社会关系的最后阶段。这个社会不再是游说的社会（那是个关于宣示、意识形态、公共性的古典时期），而是一个威慑的社会，即你就是信息、你就是社会本身、你就是事件、你已卷入其中、你有发言权等，不再有主体、不再有焦点、也不再有中心或边缘。而权利是某种循环的东西，它的起点无法被定义，只剩言语的回旋。鲍德里亚认为对待这种暴力的唯一办法就是象征死亡，我们剩下的出路就是对所有"意义和言语的拒绝"。

四、虚拟现实

媒介是我们定义与想象社会真实的主要来源，也为我们决定社会的规范和价值判断，同时在此标准下使我们的思考受制于既定的刻板印象。媒介所制造的是现实与虚构、外与内、真与伪的暧昧游戏，在这个无尽的过程中，社会现实被一再重新构建。网络媒介亦具有鲍德里亚所言的符号仿真性，形成"虚拟现实（virtual reality）"的真实构型。

在虚拟现实中信息成为具有"元"意义的首要概念。而人类明确地把自己解释为一种进行信息处理的机器，不仅掌握信息，还掌握关于信息的信息。同时，在虚拟现实中对信息的操控权成为首要的权利。网络媒介中超文本是一种首要的视觉形式，进一步使作者脱离文本，增加作者与读者之间的时空距离，读者不仅能够自由地阐释原作，还能够不按照原创者的预期方式去改变作品本身，导致文本的多重作者性，说话者与听话者之间的区别崩溃，形成利奥塔所言的"小叙事"以及论辩的空间。参与者通过干预作品本体，形成一种独一无二的、具有创造性的操控价值（Mitchell，1994）。

虚拟现实中，虚拟和现实以一种交叉并置的方式相互映照。参与者对虚拟现实的编码是借助实在现实的范畴实现的,同时,虚拟现实也回应着参与者的刺激。各种仿真实践直接影响现实,对匿名、自我表露、情感等领域的研究显示,虚拟现实的参与者可以有策略、有编辑地进行印象管理、自我表现,有效互动,形成比离线更强烈的情感。同时网络媒介提供了一种个人意见输入与集体心智的渠道,为异质、多元的参与者提供互动场所。参与者在辩论、冲突、妥协和认同中建构了多元、异质的社会真实。网络一方面促进具有快速学习曲线的专家系统发展;另一方面,支持合作分享式的网络群体,其影响从网上扩散到网下,将新的关系赋予到国家与社区之间、群体与个人之间、权威与法律之间、企业与消费者之间,从而引发新的意识形态及社会、政治及经济方面的巨大变化,形成别具民主意义的社会秩序。

第四章　媒介文化传播主体建构

第一节　媒介文化建构的主体

一、"我思"的建构

传说在西汉时期,汉武帝刘彻因爱妃李氏过早去世悲切不已,进而不思朝政。为了让皇帝重振精神,齐人少翁夜设帷帐、张灯烛、陈酒肉,待刘彻入座帐前,在幕后用合乎李氏身形的皮影表演其生前的拿手好戏,劝说皇帝主朝政、做明君。这则历史故事,讲的是臣子在缺乏足够权力的情况下,巧借皇妃身份对皇帝进行劝诫规训。按照西方文化研究的主体理论,是作为客体的臣子通过重现皇妃身影,在引导皇帝对自身丈夫身份认同的同时,唤醒其对皇帝职责的认同,重新建构皇帝的主体。

关于人成为主体的方式,一般被认为是人的特殊思维方式——"表象"(representation)或"我思"(cogito)。作为客体的表象,是人外在的、与人对立的、与人相反之物,是一种从一开始就存在的"存在"。主体之前的"客体"是我思物即是被思之物。法国哲学家笛卡儿在《第一哲学沉思录》中说"我思故我在",他认为人之自我思考无须借助客体,是人成为主体的决定性因素,不需要客体的帮助。然而,在上面的故事中,刘彻在朝臣的帮助下再次成为皇帝的主体。很明显,新的帝君主体,与原来的惆怅主体是一样而又不一样的。

不同的阶段、时期和条件造就了不同的主体,人之主体观念也顺应时代发展。人们的主体观念基本上经历了三个阶段:启蒙阶段以自我为中心的主体、中期阶段以社会为中心的主体和后现代阶段的解构主体。

启蒙的主观理论来自笛卡儿,他继承了古希腊哲学家柏拉图的概念和古罗马思想家奥古斯丁的心灵直觉理论,认为纯思的自我就是人的主体身份,一切存在的基础乃我之思想。德国哲学家胡塞尔在笛卡儿"心物二元"论的基础上,将主体分为两部分,即一无所知的先验主体和具有特殊意识的主体。先验性主体得到法国哲学家萨特的进一步扩展,他在《存在与虚无》中指出,存在先于本质,存在先于自我反思,人们对客观对象的直接意识是一种"前反思意识"。在笛卡儿、胡塞尔和萨特看来,人是绝对的主体,是明确的。法国哲学家梅里蓬蒂指出笛卡儿的自我思想不是真理的源泉,而只是我存在的证明,由此提出了人既是主体又是客体的模糊哲学,赋予人成为社会主体的可能性。

二、媒介文化建构的主体

18世纪末,一种以社会学和心理学为基础的主体观开始形成,其基本观点是将人的主体性划分为自我和社会,强调社会在自我存在和意识形成中起决定性作用。马克思认为,物质决定意识,社会存在决定社会意识,这一观点影响了此后一大批学者。法国著名哲学家阿尔都塞在马克思的基础上更进一步,他认为是社会造就了与生俱来的身份认同,不论是强调血缘与性别的原始社会,还是强调阶层的封建社会、资本主义社会,都是社会建构了主体。

在后现代主义阶段,不变的主体被解构,具有多重身份的动态主体取代了不变的主体,"在不同的时间主体获得了不同的身份,不再以统一自我为中心。我们包含相互矛盾的身份认同,力量指向四面八方,因此我们的身份认同总是一个不断变化的过程"。很明显,主体是一个"积极的主体,部分由社会形成并处于不断变化的过程中"[1]。后现代主义经常使用"他人"(the other or other),主体必须与其他人联系起来。在汉武帝刘彻的故事中,刘彻是一个不完整的主体。只有与"他人",即朝臣和妃嫔联系在一起,才能成为一个完整的主体——皇帝。若把故事看成历史文化的一部分,那么在一个相对广阔的时段,除了朝臣和妃子,"他人"还能是什么?它可以是记录这一事件的文官,可以是这段历史的读者,

---

① 〔英〕凯文·奥顿奈尔. 黄昏后的契机[M]. 王萍丽,译. 北京:北京大学出版社,2004.

也可以是记录和传播历史文化的媒介。

麦克卢汉说"媒介即信息"。信息往往被描述为对某一事件、概念或主题的陈述或表达,包含信息的历史故事,在建构我们对世界认知的同时也建构了人的主体。两千多年以前,古人借助光影、言语等媒介来建构主体。如今,媒介技术日新月异,仅以光影为例,就有电视、电影和网络短片等信息传递方式。人们的言语不再局限于面对面,还可以用手机通话、视频通信等,媒介文化的制作、发行模式和使用环境产生了翻天覆地的变化,也不再局限于传统精英阶层的范畴,正如道格拉斯·凯尔纳在《媒体文化:介于现代与后现代之间的文化研究、认同性与政治》一书中的观点,媒介文化已经成为主流的文化形式,是大众文化的一部分。它不仅影响人们的社会化,而且深入人的认同性内部①。

本书认为,媒介文化既可以表示文化工业的产品所具有的性质和形式(文化),也囊括它们的生产、流通和消费的过程。本书将围绕经典文本历史解读、文化运动现象辨析以及一系列的媒介事件认知行为,讨论媒介文化的主体建构功能。

第二节　作为话语的媒介文化主体建构

一、"话语"实践

笔者认为,媒介文化的主体建构过程,实际是一种包含信息形成、表述和使用的"话语"实践。

话语作为术语,首先出现在语言学中,被认为是语言中具有灵活性的那一部分,如哈里斯(Harris)在其著作《话语分析》(*Discourse Analysis*,1963)中的观点,话语是指一种语言结构;另一种则指语言的运用,认为话语是一个建立起词语语境、位置语境和文化语境的行为;第三种,随着

---

① 〔美〕道格拉斯·凯尔纳. 媒体文化:介于现代与后现代之间的文化研究认同性与政治[M]. 丁宁,译. 北京:商务印书馆,2013.

哲学领域对话语研究的深入,话语被赋予行动的意义,话语是一种主体有意识进入意识形态、经验和社会组织的语言工具。如英国哲学家路德维希·维特根斯坦(Ludwig Wittgenstein)就在《哲学研究》(*Philosophische Untersuchungen*)一书里指出语言的功能是为了行动,"我也将把由语言和行动(指与语言交织在一起的那些行动)所组成的整体叫作'语言游戏'";在他看来,在语言游戏里,主体运用语言的根本目的是为了行动,语言的功能只是为了完成语言本身,组成语言的词语往往会失去最初的意义。法国哲学家保罗·利科(Paul Ricoeur)从阐释学介入,认为话语是某人对另一个人说有关某件东西的某些话。在利科看来,话语不同于语言,有一套自身的规则和代码,是主体进行文本生产和实践的纲领,能赋予作品独特的面貌和风格。作为对话语理论贡献最突出者,米歇尔·福柯将话语视作一种设计内容或表征的符号,话语是一种帮助主体和所有客体链接起来的东西。

有鉴于此,斯图亚特·霍尔将话语描述成一种无处不在的客体,一种指涉或建构有关某实践的特定话题展开方式:这一系列(或型构)观念、形象和实践,它提供了人们谈论特定话题、社会活动及社会中制度层面的方式、知识形式,并关联特定话题、社会活动和制度层面来引导人们。正如人们共知的那样,这些话语结构规定了我们对特定主题和社会活动层面的述说,以及我们与特定主题和社会活动层面有关的实践,什么是合适的,什么是不合适的;它规定了在特定语境中什么知识是有用的、相关的和"真实的";哪些类型的人或"主体"具体体现出其特定性[①]。显然,"话语"这个概念在霍尔这里已成为一个宽泛的术语,用来指涉意义、表征和文化所构成的任何路径。

二、作为话语的媒介文化主体的形成

作为外在主体的存在,媒介文化在实践中的形成和运用也可以看作话语实践的一部分。媒介文化,即一种话语。福柯在《词与物》(*Words and Objects*)一书中指出,"话语"包括秩序和符号两个系统,媒介文化在

---

① 周宪. 福柯话语理论批判[J]. 文艺理论研究,2013(1):121-129.

建构主体性时也受到秩序和符号系统的影响。福柯认为秩序以三种方式存在:第一种"经验秩序",在每个人出生之前就已经确定并传承下来的文化基本密码;第二种"秩序体验",由个体在生活中逐渐形成和发展起来的,也可以称为"主体";第三种,指在个体生活的时代中存在的科学理论或哲学论述中对"秩序"的概括和反映,称为"知识"。同时,秩序的形成、实施和重构往往离不开符号系统。

第三节　基于秩序视角的主体性建构

媒介文化建构主体的过程,是主体的"秩序经验"和文化的"经验秩序"以及"知识"的博弈过程。基于秩序视角的主体建构,是以史为鉴的个体文化、社会、政治、经济的发展过程。

因此,笔者将借鉴不同时期女性主义的历史表述,描述"女性主义"风格的媒介文化建构"女性主体"的过程。这不仅包括妇女在政治、经济、文化、思想道德等方面处于弱于男性地位的社会秩序所面临的一系列挑战,还包括妇女权利体系建设中的一系列实践活动,如生育权、堕胎权、受教育权、产假、性别歧视等问题的讨论。

一、主体的"秩序经验"

女性主义认为,性别秩序不是自然形成的,而是由社会和文化人为构建的。这种代表刻板印象或传统文化的秩序,就是福柯所说的"经验秩序"。建构女性主体,不仅要面对传统的性别秩序,还要包括由这一秩序所培养的受益者。

女权主义从第一次出现到现在已经有200多年的历史。在此期间,妇女为追求自身权益开展了一系列社会实践活动。1991年,法国大革命女领袖奥兰普·德古热(Olympe de Gouges)出版了《女权与女公民权宣言》,拉开了女权运动的序幕,将矛头指向美国《独立宣言》,认为《独立宣言》中的"人的权利"代表了男性的社会秩序,忽视了女性作为自由人的权利,认为女性生来就应该享有与男性平等的权利。这是历史上女性第一次以公开的声音挑战代表男性秩序的主流文化。有趣的是,两年后,奥兰普·德古热被她以前的男同事送上了断头台。

面对强大的固有秩序和不利于新事物发展的激进方式,女权主义者开始以妥协的方式出现在历史舞台上。1792 年,英国的玛莉·渥斯顿克雷福特(Mary Wollstonecraft)出版了《女权辩护》,她认为妇女应该在妻子和母亲的帮助下表达自己的权利和利益。当时,这种来自家庭的观点是无痛的,没有得到太多的认可。直到 19 世纪末,一百年后,女权主义者重新找回了自己的家庭,并将其设定为自己声音的起源,从而迎来了第一次女权主义浪潮。

来自美国的玛格丽特·富勒(Margaret Fuller)倡导妇女在法律地位和世俗生活中的权利。富勒的观点具有明显的"知识认知"意义。她认为女性有追求内心自由的权利,这包括精神上的充实,智力上的成长,理性和创造力的激发。当然,她还是受到传统秩序的影响。比如,她认为家庭是女性实现自我成长和自我实现的基石。英国的约翰·米尔(John Mill)在她的《女人的服从》一书中也是从家庭开始,她认为由于法律的不平等,女性在家庭关系中处于弱势地位,婚姻应该在平等的条件下约定共同生活的方式。

不难发现,这一时期女性主体的建构是为了帮助男性。这是一种基于个人和家庭单位的女权主义观点,自愿充当男性的工具。它只是丰富人类社会秩序的一种手段,然而,这些观点仍然影响着一群远在东方的中国知识分子,提倡女子教育是中国早期知识分子宣扬男女平等思想的主要观点。

1897 年,梁启超发表了《论女性学》《主张创办时代女子学校》等文章,认为发展女子教育是女性摆脱对男性依附的最佳途径。1898 年,康有为出版《大同书》,提出男女平等的思想。1901 年,谭嗣同的夫人李润创办的妇女社创办了中国第一份以妇女为对象的报纸《妇女杂志》,倡导妇女研究,争取妇女权利。随后的几年里,出现了 30 多种女性报刊,其中由秋瑾创办的《中国妇女报》影响很大。早期妇女报刊的主要内容是提倡妇女学,争取妇女权利,反对男尊女卑的封建秩序和各种封建陋习,主要目的是启蒙妇女思想。这些报纸杂志的编辑大多是女性,她们用自己的亲身经历来解释和讨论女性问题,提出解决方案,对男尊女卑、三从四德等封建秩序发起猛烈的攻击。当时她们在中国媒体上掀起了女权主义思潮,确实影响了一大批年轻女性,进而使不缠足、上女校、自由恋爱、参加社会活动,逐渐成为大众接受的一种行为。

据统计,五四时期出版的妇女刊物有40多种,其中很多是女校创作的,如长沙周南女校的《女界钟》和上海五本女校的《新妇女》。值得注意的是,这些刊物的大部分编辑或作者都经历过妇女解放思想的启蒙。《妇女评论》《现代妇女》主编向警予等人从小进入学校接受新教育,敢于接受和传播新知识、新时尚、新思想,最终一步步走上革命道路。这说明早期的女性期刊为推动女性研究做出了巨大的努力。这一时期的期刊进一步提出了"婚姻自主""女性经济独立""女性参政"等口号。这些得益于女性主义媒体文化的广泛传播,更多的女性开始关注社会现实,投身革命运动。

早期女权主义者和最初的女权运动通常被称为"第一波"。总的来说,他们把重点放在社会之前的个人身上,把主体打乱,忽视了女性在出生之前所受到的社会约束。在许多问题上,它不像之后的女权主义者那样激进。这一时期的女权主义因此被称为自由女权主义。

19世纪六七十年代,美国的一些进步女性在新左派运动中受到了同阵营男性的歧视,无法赢得话语权,因此在当时独立于新左派。为了表达古代宗法社会秩序对女性的剥削和压迫,她们采用了"激进"一词,创立了激进女权主义学派。起初,这所学校主要关注女性的性别角色,包括性别、婚姻、家庭、爱情、生育、色情、暴力,甚至女性的生理和心理问题。激进的女权主义者杰梅茵·格里尔(Germaine Greer)在《女太监》中直接抨击了性别秩序,她认为社会对女性的印象是刻板的,女性是被男性阉割的被动存在。凯特·小米(Kate Millet)在《性政治》中称"性就是政治",她认为这是一个"宗法制度"的世界。宗法制度为了保证男性的主体地位,夸大了男女之间的生理差异,使女性一出生就不得不接受僵化的社会角色,进而成为个体角色。"宗法制度"一词后来成为女性主义作品的标准词汇(涉及符号学的话语顺序,此处不再赘述)。玛丽·戴利甚至为激进的女权主义描绘了详细的蓝图。从批判宗法制度到创造全新的"女性生态",是一个"认知、行动和自我定位的过程"。

20世纪70年代中期,女性差异不再被视为女性受压迫的根源,而是被视为社会解放和变革的机会。心理学家桑德拉·贝姆(Sandra Bem)通过了一项关于雌雄同体的测试,结果显示:一旦所有的男性和女性在精神上都是雌雄同体的,生育就不再仅是女性的问题。玛丽莲·弗伦奇(Marilyn French)试图根据人类社会的演变来探索宗法制度和男女特征的差异。莫妮卡·维蒂希和安德里亚·德沃金在激进的道路上走得更远,她们质疑女性生殖是不是一种本能,"追求无性社会的极致"。也有人讨论母亲的角色,比如,舒拉米特·费尔斯通(Shulamith Firestone)反对生理母亲的身份,安·奥克利(Ann Oakley)认为"母亲是制造出来的";而埃德里安娜·里奇(Adrienne Rich)的《天生丽质》肯定了女性的母性部分来自社会和自然经验,她认为女性受压迫不是来自文化秩序,而是来自政治经济制度。

二、文化的"经验秩序"

激进的女性主义媒体文化要建构一个敢与男性决裂的女性主体。马克思女性流派的媒介文化,就是要建构一个敢与资本主义社会制度决裂的女性主体。他们认为,女性主体的建构只能通过社会、政治、经济结构等全面的社会转型来实现。遗憾的是,马克思的女校在阶级分化和剥削方面走得太远,忽视了性别差异所导致的不平等关系。

西蒙娜·德·波伏娃(Simone de Beauvoir)从存在主义哲学汲取营养,在其《第二性》(Le Deuxieme Sere,1949)一书中全面探讨了女性作为主体必须以第二性的身份出现在男权社会的处境,她认为,尽管"女人不是天生的,而是被后天造就的",但仍可以通过努力重新定义自己的存在,乃至改变男人所塑造的世界。波伏娃的存在主义女性观主要分成三部分:一是性别差异的起源;二是性别差异及不平等内容及延伸;三是两性如何生活。

如今,多数试图建构女性主体的媒介文化议题,基本是对存在主义女性观三部分的修改、延伸与增强,女性主义的女性主体建构作为一种带有历史性的话语行为,已经从最初的革命激进变成维系继承,并日趋稳定。

第四节　基于知识视角的主体性建构

一、科学话语建构的世界认知

科学哲学家库恩认为,科学知识是通过科学家共同的知识范式所建构的。笔者同样认为,人类的知识并非源于对客观世界的观察和经验,而是由科学家们的科学话语所建构。如果科学知识是经由科学话语而被生产出来,那主体对世界的认知,亦是经由话语所建构。当我们以主体建构作为关键词进行历史检索,可以发现一大批围绕知识和认知展开的经典文本,比如,康德哲学中的图式论和表象论都强调主体对认识客体的能动性建构;尼采的视觉注意认识论、胡塞尔的现象学、维特根斯坦的分析哲学、德里达的解构主义、巴特的后解构主义、利奥塔的后现代知识论等,都与主体对客观世界的认知相关。从历史的角度来看,这些经典媒介文本中每种观点都包含一种主体建构行为,都是主体对世界认知的一次尝试、思考、继承与碰撞。

二、知识视角的主体性建构

笔者将以福柯的考古学三部曲为文本,描述不同时期的研究者对客体的认识,探讨基于媒介文化知识层面的主体建构沿革。福柯的考古学三部曲分别是《临床医学的诞生》《词与物》和《知识考古学》。第一部论及医学实践史,触动了精神病学家和医学家;第二部论及文艺复兴和古典时代、史前史到现代的人文科学的兴起和衰落,几乎冒犯了所有学科和意识形态中的知识分子;第三部则是对人类知识历史变迁的系统梳理。知识,是贯通福柯的考古学三部曲的纽带。

《临床医学的诞生》考察了医学知识的产生、形成和变迁,对人文科学而言,医学是第一个与个体有关的科学话语。在医院话语内,个体首次成为知识的一个客体,"人既作为知识主体,又作为客体"这一思想才得以凸显。在《词与物》以及《知识考古学》中,福柯引入话语分析,试图揭示这样一个现实:心理学、社会学、历史学、文学等人文学科禁锢了我们对世界、对自己的认识,在建构主体的同时也削减了我们成为另一种主体的可能。

在《词与物》中,福柯认为,生物知识、语言规则知识、经济事实知识在任何时期都必须遵守某种特定知识的编解码规律。他还试图描绘一个具有认识型空间的特殊时期时空,在这个特定时空内,存在检验语言和所指实在物之间的不同观念体系,这种观念即是知识,类似于黑格尔基于世界历史生成的绝对精神的自我意识实现方法。因此,许多研究者认为,福柯的考古学的源头来自康德、黑格尔的唯心主义哲学。有意思的是,福柯并不这么认为,他觉得自己的观点主要来源于居维埃(G. L. Guvier)、德国语言学家博普(F. Bopp)和英国古典经济学家李嘉图(D. Ricardo)。另外,如果进行《词与物》的文本研究,还会发现其中充斥了大量阿根廷作家博尔赫斯(J. L. Borges)对古代中国动物分类法的分析与读解。而正是这种对动物分类的想法,帮助福柯在大量相似或不同的事物中找出一种简单可靠的秩序。可见,秩序是作为事物内在规则而被思维后天赋予的,也正因此,它同我们的思想体系一样具有局限性。

基于福柯考古学源头的简单探讨,已经发现了三种不同知识的主体建构方式:一是代表唯心主义哲学的知识;二是代表福柯个体认知的知识;三是从博尔赫斯分类法出发的延伸知识。促成这一现象的原因,很大程度源于我们处于不同的文化译码内。当媒介文化作为一种知识出现时,要求主体消除对自身秩序体系的依赖,学会从另一个视角秩序去检验知识。因此,当人们普遍认为数学、宇宙学、化学、物理学等科学代表了客观理想的科学模式之时,福柯提出了相反的观点,他认为一定时期的所有智力活动都自觉或不自觉地遵行着某种知识编解码规律。客观的科学模式,是在认识型领域内的客观。知识,其实是一种带有自身可能性的历史,是不同经验科学知识解构之间交错的结果。

在《词与物》中,福柯认为每种知识都存在于一种"知识空间"里,罗贝尔法语大词典这种维系特殊知识和科学存在条件的空间,被称为"认识型"。它在一定时期内界定经验总体性中的某个知识领域,限定出现在该领域中的客体存在,并向人们日常的知觉认知活动提供理论力量。基于福柯的观点,法文词典将"认识型"定义为"一个社会集团和时代特征的有机知识综合体系"。当时有批评家认为,福柯对知识的认知源于"库恩范式"理论:一种由科学家库恩创立的用于描述从经典力学到相对论和量子理论突然转换的科学范式,这一知识被详尽地记录在库恩的著作《科学革命的结构》(*The Structure of the Scientific Revolution*)中。对此,福柯宣称自己在阅读此书前已经完成了《词与物》。同时,福柯的"认识型"是作为知识得以存在的一种空间体系;而库恩的"认识型"不仅适用于物理学,还涵盖了自然科学、社会科学和人文科学。另外,库恩的认识型是等待被超越和重新解构的静止体系,而福柯的认识型是一种会自我进化的动态体系。

事实上,福柯作为主体,其对知识的认识也呈现出一种不断进化的形态,比如,在1970年的《词与物》序言中,他认为知识的"认识型"是一种严格的"局部"研究;四年以后,他认为他错误地把认识型看作一个体系或理论范式,忽视了权力的问题;到了1977年,福柯才最终定义了"认识型",他认为"认识型"是一种"配置"(Configuration),配置被置于权力与知识的策略关系之中。

在《知识考古学》(*The Archaeology of Knowledge*)中,知识成为一种"话语事件",作为考古学研究对象,福柯将"主体"视作知识的客体,解构了中心化的主体。同时,他把"知识的历史"视作多种不同纬度话语的非连续性组合,实现了对连续性历史的解构。

文艺复兴时期的知识对主体的建构,来自人们对事物间彼此相似而总结的规律和思考。知识的第一个特征,是这一时期对相似事物的阐释。福柯认为,直到16世纪末,相似性一直在西方文化知识中起文本阐释和创造以及帮助认识可见与不可见事物的作用①。比如,文艺复兴时期,乌头属植物因为与眼睛形状相似,被用来医治眼疾。另外,福柯还指出在16世纪,作为能指的符号在被用于连接所指物的中间,还存在通过无穷系列阐释将两者链接起来的相似性。作为一个特殊符号体系,语言类似他物,不仅是世界的一部分,还能帮助人们通过相似性认识世界。所以福柯认为,柏拉图时期的语言就是知识;对柏拉图而言,语言就是"命名",而名字是对事物的本质表达。文艺复兴时期知识的第二个特征,是评论的认识型作用。由于知识是由具有相似性的词与物组成的,因此知识不是看见或证明,而是阐释语言的语言,所以初始经文作为上帝在创世时的表达,始终有绝对的统治权。因此在康德那里,只有"纯粹的知识"才是一种语言的表达,因为语言对认知是有作用的。

从17世纪中叶到18世纪末,人们不再将相似性看作知识的来源,而是看作产生谬误的原因。比如,培根通过对洞穴幻想、市场幻想、剧场幻想和种族幻想的检验,指出相似性其实就是幻想。从柏拉图到康德,语言从先天的知识变成了纯粹的知识与认识型。而黑格尔则试图从"精神""教化"维度切入知识,在《精神现象学》中,黑格尔谈到了"自身异化了的精神——教化",他认为这种"纯粹的教化"在解释教化虚假性的同时,也揭露了语言作为联系现实存在的一种欺骗工具的可能,"有关它自己本身的那种话语,其内容是一切概念和一切实在的颠倒,是对它自己和对于别人的普遍欺骗,所以述说这种自欺欺人的谎言时那种恬不知耻,乃是最大的真理"。因此,知识在黑格尔这里又分裂出虚假、模糊、错误的知识。

在古典时期,相似性作为一种必不可少的知识边界而存在,同时,还有一种能渗透整个认识领域的"普遍话语",提供使表象能够被认知的"秩序"。普遍话语"绝不是那个在对自己的秘密的辨认中保留打开所有知识之钥匙的唯一的文本;相反,它是对于心灵的自然,以及对于心灵的从最简单的表象到最精致的分析或最复杂的结合的必然性进程进行限

---

① 张一兵. 从相似到表象:走向大写的构序:福柯的《词与物》的构序论解读[J]. 辽宁大学学报(哲学社会科学版),2013,41(5):9-14.

定的可能性；这一话语就是依照由其起源为其规定的独一无二的秩序而被安排的知识"。此后，话语作为知识的"认知型"，在英国哲学家维特根斯坦的《哲学研究》、海德格尔的《存在与时间》中均有提及。

到了18世纪末期，代表古典时期知识基础的同一与差别，被具有间断性有机结构的内在关系所代替。比如，作为具体知识领域的"话语"，尽管内在包含着自己的"历史性"，却彼此无关，因为它们的历史性获得都与所谓"先验功能"有关。福柯认为，先验性是与"人的诞生"联系在一起的，当语言不再是毫无疑问的普遍知识模式时，人作为知识的客体才会出现，当人能质疑表象的起源时，表象才成了知识客体，语言与表象系统完全脱离之后，同时，作为知识对象和认识主体的"人"被建立起来了。福柯认为，人作为一种经验存在，一方面受制于生命、劳动和语言，这三者外在于人，在提供人之存在时也限制着人存在的界限；人通过把握界限，能够认识自身，成为知识的对象。另一方面，生命、劳动和语言在提供人之存在时，人又为它们以及人自身规定了存在的范围，这样，人就成了认识的主体。

因此，现代人，既是知识的有意识主体，又成为历史进程的无意识客体。

第五节　基于权利视角的主体性建构

一、人之主体

随着人对知识认知的不断深入，建构了人之主体。对知识的掌握与运用，宣告了现代人的诞生，人不仅是知识的产物，也是权力的产物，为了表明这一点，福柯在《疯癫与文明》的"大禁闭"这一章中，描述了17世纪欧洲的隔离机构和医院的增加以及相应管理措施的完善。他认为处理生理和心理问题机构的出现，标志了国家与市民之间关系的变化，个人问题被设想为国家职责范围内的"社会问题"。在《规训与惩罚》和《性史》中,福柯进一步分析了"监狱"和"性征"这两种文化实践,试图描绘出一种真正特殊的权力形式以及权力赖以起作用和得以实施的方法。法国哲学家德勒兹在分析福柯的《规训与惩罚》(*Discipline and Punish*)时说,监狱属于"可见者",刑法属于"可述者","刑法"是一串语言,一个陈述群,它通过对违法行为的分类和说明进行量刑;监狱则与可见者有关,它不仅企图使罪行和罪犯成为看得见的对象,而且建构可见性本身。刑法与监狱的出现,是为了让规训权力得以实现。机构、组织和平台成为权力的可见代表,相关的管理措施与规则,则是权力的可实施代表。

二、媒介文化的权利秩序

媒介文化,是与权利密切联系在一起并为权利的实现或形成提供可能性条件的话语。媒介文化的生产流通与使用,是为了协助规训权利建构可控的主体。在古典时代,规训权力是一种增加人体机能、培养人体机能的方法。到了现代社会,它更像一种为了让人更顺从的"纪律"。福柯认为,"在每一个社会中,话语的生产都是以一定的步骤被时刻控制、选择、组织和再分配的,其目的是避开其力量及其危险,以对付偶然事件,消除其沉重的、令人不快的物质性"①。因此,当我们谈及媒介文化时,至少需要从媒介文化的生产、传播与使用三个环节考察相应的传媒"纪律"。

笔者认为,媒介文化隐含两种权利:第一种是消除潜在危险的权利;第二种是控制媒介文化消费的权利。

第一,在帮助媒介文化消除主体可能面对的潜在威胁时,权利通常会被细分成禁止、归类和求真三种形式。禁止最显著的可见形式,就是法律法规。比如,早期与出版立法紧密联系的新闻立法,英国在 1529 年实行印刷出版特许制,出版业的生产需要得到国王的许可;到了资产阶级革命时期,国王权力式微,又新增印花税、津贴制度、煽动诽谤罪和国会禁令等来控制报业。谈及归类时,我们可以引入媒介使用环境,因为不存在一个能够让主体在任何情况下随意谈论某事的环境,即主体一定会存在于特定场合。场合限定了我们的谈论范围,福柯把这种情境称作

---

① [德]黑格尔. 精神现象学(下卷)[M]. 贺麟,王玖兴,译. 北京:商务印书馆,1997:216.

"言语环境的仪规"。对不同的媒介文本和不同的文艺思潮而言,作为生产者的主体和作为消费者的主体都受到不同言语环境的制约。上文对女性主义、科学知识的历史性梳理,就是以言语环境为线索,探讨了同一话题在不同时期和不同文本中的不同存在形式,又或者某一信息出现在娱乐媒体和新闻媒体时,可能会出现幽默的表达和严肃的表达两种形式,因为能够就经济政治形式言语的通常是这一领域的专家,他们代表了一系列的学科体系,他们的言语权利来自学科体系。所以,这些专家通常不会出现在综艺节目中。福柯认为,"这就等于将说话主体稀少化;如果一个人没有满足一定的条件,或者从一开始他就没有资格这样做,他就无法进入关于一个特定主题的话语"。言语对象的禁忌、言语环境的仪规以及言语主体的特权三者相互交织作用,形成了一个动态的界定媒介文化的框架。关于求真,同样的话语不同人的言语有不同的效果,比如,在古希腊,判断真理的依据并不在于主体说了些什么,而在于是谁在说以及如何说。

第二,控制媒介文化生产条件的权利,其实是在媒介文化生产阶段,权利对媒介文化消费主体的一种预设性控制。这种权利,往往借助于议程设置的方式实施,通常没有系统的理论,但会以一套方法、知识、描述、方案和数据的形式而存在,当面对具体媒介现象时,它是现实可靠的规训技术,能够将媒介文化的影响力限制在可控的范围内。福柯在谈及话语运用条件这种规则时指出,其目的是将特定的规则施加于某些特定的人身上。这种控制方式包括仪式、话语团体、教条和教育。仪式的功能限定了主体的言语资格、伴随话语出现的主体行为和具体话语的意义、效果及范围。话语团体能将话语的生产和使用限定在特定的使用群体中。教条的功能是为了帮助话语尽可能地辐射更多的主体,通常被理解为话语的一些外在表现形式,比如,话语的能指符号及所指意义,等等。教条像一种训诫,它是迫使社会中的个人接受某一话语的工具,或为改变某种话语而来的"政治手段"。

以"二次元"文化为例,它的出现与流行,至少隐含两种权利的交锋。它代表着一代人对于代表主流文化的另一代人的反叛性对立,类似于历史上曾经出现的嬉皮士和朋克文化。通常，二次元被认为是伴随着网络信息技术革命而产生的新兴文化，它意指不愿被现实所束缚的个体与僵化的现实进行抗争的表现和结果，和每种新兴的反叛文化一样，二次元文化的出现代表着一种新权利秩序的诞生。二次元的仪式，往往会围绕二次元作品和相关元素展开，如漫展、游戏展、only 展、宅物店、女仆店等。主体在二次元的行为，通常具有去中心化、消解权威、消费符号的特点，最常见的是新语言创造，比如"小伙伴""献上膝盖""画面太美我不敢看""心塞""我也是醉了"这样的二次元语言，不仅在网上广为流行，还影响了人民日报等代表主流价值的媒体，连习近平总书记也开始使用"蛮拼的"这样的词。

本书认为，二次元作为一种媒介文化，在建构主体时，首先是一种符号系统，这种符号隐藏于背后的所指就是二次元的权利——去中心化、消解权威、消费符号、同构幻想等大众意识中的亚文化，权利的能指是"热血""萌化""中二""电波""绅士向""CP"等外在表现。

媒介文化的权利秩序，是一系列对于主体及主体相关时间、空间等相关"他者"的组合。

第六节　群体传播时代的媒介文化主体性建构

一、控制

在互联网出现之前的传统媒介时代，信息生产者属于绝对主导地位，与受众沟通成本高，受众作为意义生产者的特点并不明晰，媒介文化的主体建构行为，通常只受到从业生产者和国家管控。粗略统计，到了清末民初，仅在中华人民共和国成立前，就有《大清印刷物专律》(1906)、《大清报律》(1908)、《报纸条例》(1914)、《出版法》(1914)、《管理新闻事业条例》(1925)、《出版法》(1930)《修正战时新闻检查标准》(1940)、《军事新闻发布实施暂行办法》(1948)等，十余种新闻出版和从业管理办。

早期的相关传媒管理办法等,旨在管理新闻言论、规定新闻权限、帮助传媒业树立正确的新闻道德观上做出了不少努力,为的是尽量避免与减少因某些电影情节引发的一系列不良事件以及负面影响。

二、沟通

中华人民共和国成立后,原有的新闻传播机构已转为国有,成为服务党政机关的宣传党和国家政策的行业,信息流通渠道单一,媒介文化的主体建构均属于国家行为,直到改革开放后,基于对"文革"这种错误运动的反思、对国外新闻法治的借鉴,与新闻媒体相关的政策才重新被提议。1980年第五届全国人民代表大会第三次会议、中国人民政治协商会议第五届全国委员会第三次会议期间,一些新闻界的代表和委员开始呼吁新闻改革和立法,此后,相关议案、草案、法案的研究一直在操作过程中,虽然因为种种原因,新闻法仍没有正式出台;但随着我国的飞速发展,媒体行业也得益于大众传媒时代信息传播的单向度以及把关人的存在,使媒介文化主体建构的实践活动,一直处于小事靠从业者自律,大事靠领导批示的状态。对于受众来说,尽管与传者间的关系处于不平等被动的位置,信息反馈困难,但并不影响人们的信息接收。然而,随着传播技术的发展,互联网进入了千家万户,也改变了传者与受者之间的固有格局,过往传者为中心的信息传递模式不再是唯一,人类进入了互联网的群体传播时代,传播的自发性、平等性、交互性和去中心化等成为这一时期媒介文化主体建构实践的主要特点。

在传受关系瞬息万变、媒介信息过剩的情况下,过去单一的媒介文化主体建构模式已无法适应当下主体的需求,此时,对话与沟通已成为一种主要手段。

第五章　媒介文化传播渠道

媒介(Medium)这个词最初来源于拉丁语,到了 17 世纪的时候指的是中介、中间物的意思。到 18 世纪这个词语开始与报纸联系起来。而在 19 世纪 50 年代之后,媒介 (Media)才被赋予今天的意义而广泛使用。随着消费社会的日益成熟和广告领域的扩大,"媒介"的范畴也在扩大,现代社会也已经发展成为一个泛媒介化的社会。

传播(communication)一词早在 15 世纪就已经出现,指促使某事为常人所共知而采取的行动。17 世纪时,随着公路、运河、铁道的发展,传播成为与运输(transportation)并用的词汇。17—19 世纪时,物体、人的运输与信息的传播并没有明显分化,所以传播既指交通也指符号传输。到了 20 世纪,传播才与运输分离开来,成为与印刷、通信、收音机、电影、电视等媒介相关联的专有名词。

媒介对社会的重要影响力来源于传播与文化之间密不可分的关系。传播是人类社会互动、共享意义的过程,而文化则是这一过程的产物。媒介的变迁促进了传播在本质和过程上的变化,也促进了文化上的变迁。于是,媒介在社会文化中便扮演着一个关键角色。媒介的发展,传播的发达,往往意味着文化的转型。

狭义地来看,媒介文化(Media Culture)是文化的媒介呈现方式,是显现在传播活动中的社会文化现象。广义地来看,指因媒介的社会影响而产生的一种文化形态。美国哲学教授凯尔纳曾指出,媒介文化是"诸种系统的组合:从电台和声音的复制、电影及其放映模式,包括报纸和杂志在内的印刷媒体,一直到媒体文化中心的电视以及方兴未艾的网络文化等"。黑龙江大学教授刘振怡则进一步拓展了这种理解,他认为:"媒介文化的界定并不仅限于此(大众媒介)。在其外延形式上,包括人们的日常用品,甚至人们之间的交往方式等,都是媒介文化的表现形式和研究对象。""媒介文化的产生和发展不仅是一系列电子传媒所导致的狭义文化现象的传播,也不仅限定在采用市场化运作模式产生的商业文化形式,而是对整个社会长期以来所形成的一套稳固的价值和意义体系的内在颠覆和瓦解,为人们塑造出与以往不同的全新生存方式。"

以媒介发展为脉络,相关研究者对文化变迁进行了不同阶段的划分。哈罗德·伊英尼斯把西方文化分为文字和印刷两个时期,又可细分为埃及文明时期、希腊–罗马文明时期、中世纪时期、中国纸笔时期、印刷术时期、启蒙时期、机器印刷时期、电影时期、广播时期九个时期。马克·波斯特界定为口传媒介文化、印刷媒介文化、电子媒介文化。卡斯特将文化变迁归为三个阶段:古腾堡星系时期、麦克卢汉星系时期和互联网星系时期。其中古腾堡星系本质上是由印刷术心智和表音字母秩序所形成的沟通系统。麦克卢汉星系是以电视与广播为代表的电子媒介系统,代表了与印刷术心智之间的历史性断裂。而互联网星系则是对以往两种星系沟通形式的整合,在历史上首度将人类沟通的书写、口语和视听模态整合到一个系统里。

目前,媒介文化的内涵和外延还在被不断拓展着,促成了研究者对具体的文化表征与社会构型之间关系的深入探索。

第一节　媒介文化的网络传播

一、网络传播的优势和局限

网络作为一种新型的信息载体,作为一种前景广阔、方兴未艾的信息传播方式,其现实的优越性是不容置疑的。首先,网络作为一种信息媒介,它具有很多技术上的优势,比传统媒介信息更加丰富、快捷、廉价。其次,网络传播信息来源十分广泛,传播手段多样,传递范围大大拓展。最后,网络传播使信息的获取十分便捷。然而我们必须认识到,尽管网络有很多的优点,但不意味着它已至善至美,毫无缺陷。我们绝不能武断地认为传统媒体必然被网络所取代,网络的种种优越性并不能说明其必然取代传统媒介而垄断未来的信息业,这是由信息的本质规定性决定的。在未来的信息社会里,人们对获取信息提出了广、快、精准的要求,而事实上,网络传播使信息的另一些重要特质伴随网络化的实现而丧失。比如,信息源,受体的高度个性、私人化以及传播方式和传播格局的多样化和多元化,将使信息的稳定性、可控性和可靠性在一定程度上降低,会给人们获取信息带来一定的困难或负面影响。具体来说,网络传播具有如下几个方面的局限性。

(一)再生信息的泛滥与信息的可信度危机

网络的普及使信息获取极为方便快捷,然而,由于信息的多样化,信息的可靠程度和精确程度却可能降低。人们不再像过去那样仅依靠传统媒体的权威报道。在充分个人化和多元化的格局中,在以方便快捷为基准的信息时代,由于缺乏对无限丰富的网络联系的监督机制,信息传递中的有意曲解与无意舛误,甚至谣言信息,在一个多元化的信息市场中出现频率必然呈上升趋势。

(二)各种文化思想形态的交融渗透,使舆论导向难度增大

在传统的传播方式中,受体是通过信息媒体为中介来接受信息的。而网络传播中的受体与信息源直接联系,其选择具有很大的自然性,传统媒体所起到的舆论导向作用和信息把关作用大大削弱。网络为不同意识形态、不同政治立场、不同文化背景的信息涌入,为荒诞不经或不健康信息的泛滥,都提供了技术上的可能性。这些将使网络媒体的舆论导向作用大大减弱,久而久之,也必然会失去大量受众的信任。

(三)获取和处理信息方便快捷,易使受众养成惰性心理

前面提到了网络传播信息的优点,同时它也会带来一些负面的影响。受众对网络信息的依赖,使一些人放弃了利用传统媒体的独立发现精神和求实态度。网络信息获取与处理的方便快捷,容易使一些受众在一定程度上忽视了现实生活的真实,不愿再深入生活获得独到发现。

（四）网络传播易成为智能犯罪的温床

随着国际互联网的迅速发展,各种网上犯罪的案例也屡见不鲜,并且日益成为一个严重的社会问题。计算机"病毒""窃网""黑客"及其他各式各样的干扰破坏行为,均呈泛滥之势,对正常的信息传播秩序造成严重的危害。

（五）网上信息传播范围及普及程度的有限性

信息来源和传播手段的多样化,极大地丰富了信息内容,拓展了信息传播的范围与途径,但从受体的特征来看,网络信息的传播和普及的范围是十分有限的。就目前我国国情来看,网络的普及程度与信息的全球化之间存在着很大的矛盾。在英语作为网络上主要语言的环境下,语言的不通成为大多数中国百姓获取网上信息资源的巨大障碍,而在网络信息的个人化、多元化的信息爆炸时代,这一障碍简直就是无法逾越的。此外,计算机知识、网络技术知识的要求与普通百姓所具有的实际文化水平之间还存在较大的差距。这些因素,在一定程度上限制了网络信息的传播与普及。与书刊、报纸、广播、电视等媒体相比,网络信息的受众数量依然十分有限。这当然与目前网络发展的时间较短,技术尚不够成熟有关,但更主要的还是受到受众现实知识水平的制约。

综上所述,可以预见,网络在当前中国的国情下只能作为一种信息媒介而存在,不可能取代传统媒体而一统天下。尤其是我国地域辽阔,城乡差距较大,在广大农村,网络的普及与实施仍需走漫长的道路。传统的期刊、报纸、广播、电视在今后相当长的时期内,仍将占有巨大的市场。尽管如此,我们必须看到,网络的发展对传统媒体的冲击和挑战是不容忽视的。面对冲击和挑战,传统媒体绝不能因循守旧,故步自封,必须适时进行有效的经营策略的调整,寻求适应信息时代社会需要的发展途径。

二、网络传播下媒介文化的表现形态

要了解网络传播下媒介文化的表现形态,首先要了解形态的含义。"形态"在《现代汉语词典》中的解释:①事物的形状或表现;②生物体外部的形状;③词的内部变化形式,包括构词形式和词形变化的形式。"形态"在《中华在线词典》中则有三种解释:①形状神态、形状姿态。②指事物在一定条件下的表现形式。③形态(format)有时候被称为程式(convention),指一种结构性要素,体现着对形态所流行的那个时代的重要观念的关注;不同的元素的排列组合或者编码方式构成不同的形态。

总体来说,《中华在线词典》对形态的定义是较为科学的。笔者认为形态就是事物在一定条件下的表现形式,事物所包含元素的不同排列组合或编码方式。结合形态概念,本书认为网络传播下媒介文化表现形态是指网络传播下媒介文化在一定条件下的表现形式,即表现出来的具有一定结构的程式或范式。

按照不同的标准,网络传播下媒介文化的表现形态有很多种划分形式。根据信息内容的不同,网络传播下媒介文化可以分为网络新闻、网络广告、网络文学、网络休闲文化、网络沟通文化等具体表现形态。下面将具体分析这几种表现形态及其特征。

(一)网络新闻及特征

网络新闻是指通过网络发布、传播、浏览的新近发生、发现的重要客观事实等信息。网络新闻有广义和狭义之分。广义的网络新闻指的是综合性门户网站和各专业性网站所发布、传播的各种新信息;狭义的网络新闻则专指各种新闻类网络信息。相对传统新闻,网络新闻的主要特征有三点。

1.多媒体化。网络新闻将文字、声音、图片和视频图像等媒体技术有机结合在一起,构成一种有别于传统媒体的,新的超文本新闻样式。

2.超链接化。基于超文本技术、超链接结构,网络新闻将文字、图片、音频、影像等媒体新闻或相关资料相互链接,或在同一新闻中进行层层链接;不仅拓展了网络新闻的内容,而且节省了网络新闻的空间。

3.互动性。网络新闻工作者可以通过新闻留言板、电子邮件、网络聊天等方式实现与受众的互动;受众不但可以进行新闻反馈,而且可以制作新闻或传播新闻。像一些网友就将自己抓取或录制的 DV、拍摄的图片等作为新闻在网上发布。

(二)网络广告及特征

网络广告是指利用现代化计算机技术在网络上发布或传播的广告。相对传统广告,网络广告的主要特征有三点。

1.打破时空限制,传播范围广。通过网络,网络广告可以把广告信息全天候地传播到世界的每一个角落;通过网络,任何人在任何地点都可以阅读网络广告信息,这是传统广告媒体无法实现的。

2.灵活的互动性和实时性。网络广告实现了信息的双向互动,用户可以按照需要获取有用的信息,并可以向广告厂商进行咨询;而厂商也可以随时得到受众的反馈信息,并随时进行修改。

3.集成性。基于多媒体技术、超链接技术、编程技术等网络技术的提高和普通应用,网上广告可以将文字、动画、图像、声音等集成一体,创造出一个虚拟现实,增加了广告的吸引力。

(三)网络文学及特征

鲁捷、王粤钦认为网络文学是网民在网络上发表的供网民阅读的文学。这个定义包含四个意思:①网络文学是以网络为媒介的文学;②网络文学是在网络上创作并发表的文学;③网络文学的对象是网民;④网络文学是"网民"创作出来的。相对传统文学,网络文学的主要特征有三点。

1.网络文学主体多元化。文学家不再是文学的"垄断者",任何有意愿的网民只要能上网都可以从事网络文学创作。

2.非线性的结构。传统文学作品的结构是线性的、封闭的,而且大多是孤立的。而通过超媒体、超链接、超文本等技术,网络文学不仅实现了叙事结构的随意性,而且作品超越了个别作品的局限,使众多文本组成一个非线性的、开放的结构系统。同时,读者在阅读时,通过链接技术可以根据需要调动相关信息进行非线性阅读。

3.表达的能动性。网络文学的发表和交流有很大的能动性。无论是创作的理念、动机、题材、体裁,还是表现手法、语言风格,都可以根据需要进行能动性的表达。如在文学创作中,可以灵活运用文字、符号,甚至动画、音像等来进行表达。

（四）网络休闲文化及特征

网络休闲文化是指人们在休闲活动中通过网络所创造或形成的一切文化现象。网络休闲文化包含两层意思：一是活动场所和传播媒介，即网络休闲文化是在网络上进行的，并通过网络而形成的文化；二是文化内容，是在网络所进行的休闲活动及信息产品，如闪客、博客、播客、网络游戏等。网络休闲文化的主要特征有三点。

1.平等性与群体性。网络空间为人们提供了一个反中心化、非集权性的空间，中心和权威被最大限度消解，人们可以平等地进行休闲活动。来自世界各个角落的不同阶层和不同文化背景的人，在网络中不仅可以平等进行休闲活动，而且按照不同的需要往往会组成一个个多样背景的网络群体。

2.多元化环境中的个性显性化。网络为人们提供了多元的休闲内容和休闲方式。人们在这个多元化环境中感受着休闲文化，并通过休闲文化的享受和创造来展示自己的个性，如个性鲜明的博客、播客、威客等就是多元化环境中个性显性化的最好体现。

3.技术视听效果鲜明。借助数码科技、多媒体、网络链接等技术，网络休闲文化为人们提供了集成文字、声音、影像、动画、虚拟形象等为一体的全新视听效果，为人们的网络休闲生活带来了刺激性享受。如网络游戏《魔兽世界》就吸引了数以百万的玩家。

（五）网络沟通文化及特征

网络沟通文化是指借助即时和延时通信工具进行网络沟通而产生的文化。从网络传播下媒介文化的角度，该文化不是对网民的网络沟通行为的研究，而是基于对网络沟通的物质载体而进行的研究。因此，网络沟通主要是对电子邮件、即时通信软件、网络电话、聊天室等通信工具本身及通信模式的研究。网络沟通文化的主要特征有三点。

1.延时性突出。相对于传统的通信手段和工具的即时性，网络时代的通信工具体现出鲜明的延时性特点。电子邮件就体现了很强的延时性。

2.丰富的符号化沟通。相对于传统的面对面的沟通方式,网络沟通文化主要是通过符号进行沟通,而且沟通的符号日益丰富。网络沟通文化可以使用文字、音像、动画等符号进行沟通。

3.打破时空限制。通过通信工具,人们可以将世界各地的人们联系起来,从而打破了时空限制,进行开放式的、自由的沟通。

三、网络传播下媒介文化的集拓化

通过对网络传播下媒介文化表现形态的具体分析,发现网络传播下媒介文化表现出多媒体化、多元化、非线性、延时性等特征。对于这些特征,应该从下面两个角度来看。

第一,这些特征是相对特征。这些特征是相对传统文化,或者说是相对网络时代兴起之前的文化而言具有的特殊性,是种相对特征,而不是说仅表现为这种特征。如网络沟通文化表现出很强的延时性,但不是说网络沟通文化不具有即时性特征。网络沟通文化是同时具有延时性和即时性特征,但延时性不仅是新表现出来的特征,而且相对即时性特征,延时性特征在网络沟通文化中表现得更明显。再如网络广告的集成性,不是说像文字广告等单一媒体表现网络广告的方式消失了,只是说在网络广告中利用多媒体化、超链接技术等集成性网络技术的趋势越来越明显,占据了主导地位。

第二,这些特征中反映出网络传播下媒介文化一个共性的特征,即集拓化特征。集拓化简单来讲,就是集成性和拓展性的同一性;具体来说,集拓化是指事物所表现出来的既有集成性又有拓展性的特征。因此,网络传播下媒介文化的集拓化特征,是指网络传播下媒介文化所表现出来的既有集成性又有拓展性的特征。如网络新闻的多媒体化特征就代表了两层意思:一方面,是将文字、声音、图片和视频图像等单个媒介技术进行多种形式的集成,形成多媒体技术,体现了集成性;另一方面,这种多媒体技术又是对文字、声音、图片或视频图像等单个媒介技术的一种拓展,体现了拓展性。如果没有对单个媒体技术的拓展也就不会有集成,没有对媒体技术的集成也就不会有媒介技术的拓展,集成性和拓展性是相互依存、相互促进的关系。通过对网络新闻、网络广告、网络文学、网络休闲文化、网络沟通文化等网络传播下媒介文化具体表现形态的特征分析,发现网络传播下媒介文化具有集拓化的特征,但这只是提供了网络传播下媒介文化具有集拓化特征的必要条件。而通过网络传播下媒介文化本身构成要素进行分析,分析其每个构成要素是如何表现出集拓化特征的,从而为网络传播下媒介文化整体具有集拓化特征提供了充分条件。

文化要素即文化所包含的各种基本成分。一种独特文化是由各种独特的文化要素组合在一起的特殊形式和结构。本章所研究的是网络传播下媒介文化网络时代兴起的以网络媒介为研究对象的新型文化形态。这种新型文化的要素从总体上由三个部分组成。

第一,内容。即网络传播下媒介文化能够为人们提供什么样的内容。

第二,处理内容的方式。即网络传播下媒介文化是如何重组和处理网络内容的。

第三,网络结构。即网络传播下媒介文化通过什么方式把独立内容联系在一起的。

网络传播下媒介文化划分成三个部分的形式是比较笼统的。由于网络传播下媒介文化是基于对网络文化的物质载体研究而产生的,因此,可以通过对其物质载体方面进行分析来进一步明确网络传播下媒介文化的要素。

网络传播下媒介文化的物质载体可以从多个方面进行理解。从文化的主体来说,网络传播下媒介文化的载体是作为文化创造者和传播者的人;而从媒介和技术角度来看,网络传播下媒介文化的载体是作为载体的媒介,既包括物质媒介网站、网页,也包括媒介本身,如语言、文字、视频、音频、动画,更包括其技术支持手段,如多媒体技术、一体化技术、超文本技术、超链接技术等。结合对网络传播下媒介文化三要素内容、处理内容方式、网络结构的思考,本书将按照物质载体的不同,把网络传播下媒介文化具体划分成 5 个要素。

第一,文化主体——人。任何一种文化都有其主体,即作为文化创造者和传播者的人。无论是网络传播下媒介文化的内容、处理内容方式、网络结构都和人有着密不可分的关系,而人也是网络传播下媒介文化中最基本的物质载体。

第二,传播方式。即网络传播下媒介文化是通过何种方式来实现内容传播的。

第三,文化内容。即网络传播下媒介文化创作或传播的具体文化内容,是网络传播下媒介文化最主要的物质载体。

第四,媒介技术。即在网络传播下媒介文化赖以重组和处理网络内容的媒介技术和手段。

第五,语言符号。作为文化内容的主要载体,符号在网络传播下媒介文化发展中发挥着重要作用。

第二节 媒介文化的新媒体传播

一、新媒体的传播方式及特点

(一)新媒体的传播方式

新媒体的传播方式主要分四种:文字传播、有声传播、视频传播和直播。每种传播方式都与互联网发展阶段、电脑与手机的功能演变密切相关。

1.文字传播

文字传播指在博客、微博、微信订阅号等建立账号,不定期发布文章。这类传播方式最接近传统媒体。由于文字传播方式含蓄间接,这类自媒体作者有时需要长期耕耘,累积文章的阅读量;既要有深厚的专业知识背景,又要有强大的语言文字功底。互联网刚兴起时的自媒体传播者通常有较好的教育背景,希望与其他有共同爱好的人群分享讨论,比如,天涯社区、猫扑、贴吧、豆瓣等平台活跃着这样一批用户,他们中既有专业人士,也有业余爱好者。以天涯社区为例,经济论坛、天涯杂谈、闲闲书话等版块,已形成了各自的爱好者群体,收集转发最新消息和文章,分析形势,讨论事件,其中不乏词锋犀利、见解独到、文笔尚佳的文章。在论坛中持续活跃的作者大多同时开通了博客、微博,在论坛积累的追随者或粉丝会持续关注并订阅其文章。

豆瓣和贴吧是为专项爱好者划分的偏好论坛,文字更趋简短,但由于讨论话题具体而集中,更易被上网搜索答案的人搜索到。知乎则拓展了问答型知识平台,更强调答题人独一无二的个人体验,同样的话题下,会看到形形色色的感悟。

自媒体主要采用文字传播的方式,优势在于专业性强、读者群长期稳定,如果结合自身的学业、工作、专业领域,无疑会成为展示学识修养、专业能力的尚好平台。

2.有声传播

有声传播是新媒体传播的第二种方式,如播客。播客是指在互联网上发布音频文件作为自媒体,制作电台节目。有声传播的内容五花八门,如文学、曲艺、培训等。通过有声传播可以同步到手机收听,令人回忆起若干年前的收音机和随身听时代,只不过有声传播的节目来源包含了无数的自媒体创作者。经营有声自媒体,如果能拥有令人印象深刻的声音,或者剪辑制作声音,用声音、音效表演,比起用文字表达,有声自媒体可利用的材料就不仅限于个人原创,也可以朗读、改编他人作品,创作天地更为自由。

音频的方式在于把读者和观众转化为听众,这给忙碌的现代人带来另一种高效的信息接收方式。

3.视频传播

视频传播即充分利用各种媒体形式制作视频文件来进行传播。视频几乎是最全面的自媒体载体,有字幕、声音、画面,可以运用多种方式剪辑,甚至还可以制作特效,操作越来越简便易行。现在越来越多的人加入自媒体的行列,每天上传大量的各类信息。不知不觉中,传统媒体中的记者身份淡化了,每一个事件的发生,都会有当时当地的人第一时间发出现场视频,并立刻传播到网上。

像播客可以制作广播剧一样,电影也成为人们发挥想象力的工具。

视频传播中更加简捷的方式是拍摄短视频。随着时间的推移,更短的视频占据了更多的点击量,视频的拍摄主题极为丰富,比如,虽然许多视频拍摄位置较为偏远,但却可以原汁原味呈现当地生活最本真的面目。视频的艺术表现形式也与以往不同,不加修饰,新鲜大胆,这也迎合了人们的猎奇心理。

传统媒体若想尽情发表对世界的看法只能靠文字;新媒体却可以用音频或视频的方式做成脱口秀,这给那些口才好、表演佳的人以机会,许多文化界、传媒界人士也纷纷转向脱口秀表演。

4.直播

直播是较为直观、传播快的信息传播方式,近几年出现了无数直播平台,一个房间、一台电脑或一部手机,就可以让观众同步观看其他人的生活。直播方式比视频多了互动环节,虽然视频中弹幕的出现能使观众互相交流心得,但直播中与表演者直接对话,会进一步激发人们的好奇心。

新媒体就是这样介入人们生活的,改变了人们的生产方式、生活方式,也改变了无数人的命运。自媒体通道打造个人品牌,吸引眼球,求得关注度,从而取得巨大的商业价值。新媒体时代信息堆积,人们的注意力转换特别快,但一时风头难以持久。如今也是知识经济时代,真正想做好优秀的自媒体,还需深厚的学识作为底蕴,只有在专业领域深耕,锻炼文字表达能力和语言表达能力,接触多种艺术形式,才能适应不同传播方式的需求,从而在迅速更新换代的新媒体时代中实现自我价值。

(二)新媒体的传播特点

在过去那种传统媒体垄断的环境里,社会公共事务信息的大众传播,主要是由报刊、广播电视等大众传媒进行传播,是一种从上到下、点对多的传播,是大众传媒组织及少数精英对社会大众的传播,传播主体主要是职业化的大众传媒组织及其专业化的传播者等,传播主体有限。而人们对社会公共事务的意见,除了少数被大众传媒所选中的对象能够通过大众传媒公开表达外,绝大多数人要么被大众传媒所"代表"了,要么被忽略了,成为"失语者"。因此,对社会公共事务能够通过大众传媒公开发表意见的是极少数能够接近大众传媒的人,"沉默的是大多数",传播主体也非常有限。而新媒体的传播的形式和特点,与传统媒体大相径庭,主要表现为七方面。

1.传播的多样化。在当今的新媒体环境里,互联网和手机为社会大众提供了一个便捷的传播平台,人们利用计算机或手机连上互联网就可以通过网络传播信息和公开表达意见,打破了过去由大众传媒组织及其专业化传播者对大众传播的垄断。数字技术使社会大众可以随时随地利用手机、数码相机、数字摄像机等媒材将自己的所见所闻记录下来,打破了以往专业传播者对新闻来源的优先权和垄断权。他们可以同专业传播者一样直接获得新闻事件的第一手材料,并通过手机借助网络向社会大众进行报道、解释与评论。同样,只要能用手机或计算机连上互联网,社会大众对社会公共事务的意见就可以随时随地上传到网络上,并公开发表。因此,在新媒体环境里,"人人都有录音笔""人人都有摄影(像)机""人人都有麦克风""人人都是传播者",可以说进入了"全民传播时代",它不再是一种点对多的传播,而是一种多对多的传播;不再是一种少数精英对社会大众的传播,而是社会大众对社会大众的传播。社会大众既是信息的接收者,又是积极主动的信息传播者和意见表达者。有关社会公共事务的信息传播和对其意见的公开表达,除了大众传媒组织及其专业化的传播者外,还有千千万万的"网众",传播主体前所未有地多样化了,大众化了。

2.传播速度快。自媒体(新媒体的一种)基于全民参与的程度,具有传统媒体在传播速度和广度上无可比拟的优势。2014年3月1日,昆明火车站发生恐怖暴力事件,事件发生的第一时间,大量受众通过微博、微信的转发,使这一事件迅速传播开来。虽然最初的信息并不完整,但是体现出自媒体无可比拟的时效性。而广播、电视最初的报道是在事件发生后两小时,报纸则在第二天才发表,相对于自媒体,已经滞后许多。自媒体的这种优势源于它全民参与的特性,每个人都可以成为采访者、传播者,只要现场有自媒体的参与者,就可以迅速发布消息,而传统媒体则需要经过赶赴现场采访、制作、发布等程序,由此,在时效方面必然居于劣势。传统媒体的传播方式属于单向传播,这种传播方式属于静态的,没有流动性,具体体现在:在特定时间段,信息由发布者单向传播给受众,而受众只是被动接受、无法反馈信息。而对于新媒体来说,其传播方式属于双向传播,任何人通过新媒体都可以成为信息的发布者,并且相互之间还可以进行互动。

新媒体的传播方式使每个人都可以自由表达自己个性化的观点,以信息发布者的身份传播信息,无论是传播内容还是传播形式,完全由信息发布者自己决定。这种个性化的传播行为利弊共存:首先,它使信息发布者感受到影响他人的满足感;其次,造成了个人隐私被泄露的事情泛滥成灾,增加了管理的难度。

3.自媒体具有很强的交互性。自媒体采用信息双向互动的发布和反馈机制。每个人都可以是记者,可以是信息的发布者,在这样的海量信息面前,每个人都扮演着信息制造、传播、评论等多重角色。另外信息的传播以"秒"为计量单位,不受时间与空间限制,即时发布新信息、更新旧信息,使新闻传播真正实现了时时交互和即发即收。多年来,虽然传统媒体在增强与受众的互动交流方面做出了许多努力,但是由于自身机制体系的限制,媒体到达受众的信息多,受众到达媒体的信息少,主要以单向传播为主,呈现不对称状况。自媒体则没有传统媒体的诸多限制,每个人都是参与者,人人都可以自由表达,信息传递和反馈呈现为网状结构。

由于无线移动技术的出现,使新媒体也具有移动性。在日常生活中,普遍存在利用手机上网浏览资讯、听广播,而且在公交车、出租车上也普遍配备电视。对于传统媒体来说,在发布信息前,需经过复杂剪辑、后期制作、排版;而对于新媒体来说,由于技术的优势,可在全球范围内进行实时传播。这是传统媒体难以望其项背的。就目前而言,在一些规模较大的门户网站中,大多能够通过音频和视频的方式进行实时传播,这将大大缩小时空的距离。

4.个体的自由选择权。在传统媒体面前,受众接收信息的方式是被动的。报纸、杂志刊登什么,受众就被动地接受什么,即使是通过广播电视,受众的选择权也受到时段、内容的限制。必须在规定的时段才能接收到自身希望看到的节目,并且节目内容经过筛选,有的并非所有受众希望看到的。自媒体则有充分的自由度,借助先进的数字技术,个体在时间、空间维度上都是自由的;个人可以主动获取自身感兴趣的信息,主动发布自己的信息,而没有在传统媒体面前的被动地位。

5.平民化。传统媒体历经了由平民化到精英化的全过程。在自媒体出现之前,由于传统媒体之间的竞争,优胜劣汰,传统媒体逐步趋向精英化,因为只有精英化的传统媒体才能够在竞争中胜出;因此形成了大型的跨国传媒集团、大型传媒制作播出(发布)机构,同时,中小型传媒借助地域优势占据少数市场。精英化的传统媒体为从业者设置了较高的准入门槛;自媒体却恰恰相反,每个人既不需要资质和投入也不需要任何专业技术培训,只要拥有计算机或智能手机并且能够上网,那么人人都可以成为采访者、评论者、发布者、传播者和受众;自媒体也因此被称为"公民媒体""草根媒体"。

相对于传统媒体而言,在传播内容方面,新媒体显得更加丰富,包括文字、视频、音频等。多媒体化将是未来的一种必然趋势。不仅如此,在终端方面,新媒体的交融性也有所体现,就手机而言,不但能打电话、发信息,还可以上网浏览资讯、看视频,将众多媒体功能融为一体。而且对于新媒体来说,其传播方式具有消解各种边界的作用,如国家之间、地域之间、社群之间等,从而使信息的传播不受这些边界的限制。

6.信息海量化。新媒体具有较高的信息开放性和资源共享度,以全世界海量的信息存储为内容,建立起庞大的信息数据库;并以全世界网民群体为受众,信息的接收者亦是信息的发布者和传播者,这种信息共享机制大大拓展了新闻来源与丰富程度,使得海量信息、大数据传播成为可能。

7.融合程度高、传播立体化。新媒体新闻以互联网为传播载体,借助先进的传播技术和手段,集成文字、声音、图像等表现形式于一体,使新闻信息更加充实、直观、富有吸引力,新闻传播也更加立体化。

二、媒介文化的新媒体传播与重构

新媒体传播的创新活力主要来自个人网络化的崛起。互联网力量回归个人,形成了以网络为基础,以个人为中心的知识共同体,构成了真正的知识社会和民主社会的基础。在这样一个社会中,无论是以往的精英,还是以往的草根,都在发生着意味深长的变化;精英和草根相互牵手、相互转化、相互融合,共同构建着更加多彩的社会文化和传媒新格局。由此,也为网络时代新民主意识的培养和新思想的产生,提供了一个更为自由和广阔的空间。

(一)从精英文化到大众文化

近现代以来,我国出现过新文化运动时期以文化精英为主导的精英文化,其后也出现过以政治精英为主导的精英文化,现在大行其道的则是经济精英主导的精英文化。以往的大众媒体名为"大众",实际是精英的媒体,是精英主办和控制的媒体,是由精英供稿和把关,向大众发布和灌输信息的媒体。在媒体精英的背后,实际的控制者往往是国家,或者是资本。

"精英"一词在《辞海》中的解释为:"社会上具有卓越才能或身居上层地位并有影响作用的杰出人物。与一般天才和优秀人物不同,他们在一定社会里得到高度的评价和合法化的地位,并与整个社会的发展方向有联系。"顺理成章,精英文化自然是知识分子及其精英们创造及传播的文化。西方社会评论家列维斯认为,精英文化以受教育程度或文化素质较高的少数知识分子或文化人为受众,旨在表达他们的审美趣味、价值判断和社会责任。精英文化就是代表正统的、由主导一个国家或民族的那一部分精英所创造并欣赏的文化。精英文化不屑于嘈杂的物质社会,它是与大众文化、平民文化、草根文化、山寨文化相对的文化现象。在相当长的传播历史中,精英一直以其先天优势引导着草根。

精英所控制的传统媒体对于新媒体的心态是比较复杂的,网民"重回江湖"在几年前就指出:就大多数传统媒体的精英而言,他们最初对于新媒体基本上是一种不屑和拒斥的态度,之所以如此,不外乎四个原因。

一是媒体的基本功能是通过提供内容来实现的。相较于新媒体,传统媒体的文化积淀依然是最深厚的,所谓内功最好。新媒体包括初始时的网络媒体,最欠缺的就是内容。而且,传统媒体至今依然是社会最主流的媒体形态,是"严肃的和负责任的",不像新媒体充斥着八卦和无厘头,所以为传统精英们所"不屑"。

二是长期以来形成的媒体的"载道"和社会责任的"公器"功能,在新媒体中被商业化消解了。很多新媒体根本就是服务于商业利益,绝大多数的新媒体首先也是有赖于商业上的成功,比如,获得风险资金的支持,上市成功,等等。这与媒体不受商业资本控制的追求是背道而驰的。"君子喻于义",所以拒斥。当然,目前而言,即便是传统的媒体其实也无法保持真正的独立。

三是传统和惯性。传统媒体从业精英的年龄结构、知识阅历甚至生活圈子均与新媒体的操作者有着天壤之别,类似成年人和"小毛头"之间的差距,心理感受也是不一样的:有不屑,自然也有暗生的妒意。当然,新媒体的互动文化导致的"阿狗阿猫们"对精英文化的颠覆,无疑也是传统媒体精英所痛恨的。

四是新媒体所需的知识和体制往往是传统媒体精英所不具备的,很多人也难以放下身段学习——从自身所熟悉的领域尤其是权威的领域,向一个陌生的充满不确定性的领域转移,是需要极大勇气并付出代价的。所以,也有一些人以"不屑"和"拒斥"来掩盖自身的缺陷。

作为文化研究中的一个重要领域,大众文化与精英文化的关系是众多学者研究的对象。然而,在今天这样一个消费时代,大众文化与精英文化这一划分本身是否存在合理性,已经成了有待探讨的问题。其实,精英文化和大众文化的相互影响、相互渗透和相互融合已是一种必然的趋势。精英文化走下神圣的殿堂,借鉴和利用大众文化的形式,以老百姓喜闻乐见的形式进行传播,无疑是有利于精英文化的普及和对大众文化的引导。随着新媒体的快速发展,尤其是网络和手机的发展,一些传统媒体的精英已从不屑和拒斥变成恐惧,自己给自己唱起了挽歌;更多的人则快速向新媒体"投诚"。传统媒体普遍开始变革和创新,学习和利用新的传播技术,探讨如何在新的市场环境下使传统媒体与时俱进。应该说,这些变化都是新媒体的挑战带来的。这种挑战快速消解了阻碍传统媒体发展的一些理念和制度,推动着传统媒体的变革和发展。

首先,随着互联网技术功能的不断增强,网络已成为不同国家、不同民族、不同观念的人们之间共享信息、开展文化交流最便捷的场所。互联网的繁荣带来了大众文化的新一轮勃兴。在功能强大、令人目眩神迷的新媒体面前,本已"星河渐隐月落西"的精英文化几欲迷失,"网络就是新生活"的口号渐入人心。越来越多的人成为网民,并习惯以上网的方式交流、学习、购物和娱乐。

其次,随着网络公司创造的经济神话,文化生态也随之发生了变化。尤其,互联网上知识性文化消费与娱乐性文化消费严重失调。美国国防部开发阿帕网(ARPAN ET)的初衷是科学应用,未曾想互联网后来却成为游戏的天堂。软件商不遗余力地开发升级,在线功能不断提高,养宠物、挖泥巴,一些网民(尤其是青少年)夜以继日玩游戏,乐此不疲。另外,由于现代社会学习工作竞争激烈、压力大,许多网民上网,除了工作要不就是浏览社会时事新闻,要不就是直奔聊天室或打开 QQ、微信等社交 App,与一帮并不知何许人也的网友"神交"一番。更多的人则把多媒体的功能发挥到极致,一边聊天一边听音乐,同时还兼顾着玩视频游戏和看 BBS 上的贴图。网上游戏大厅常常人满为患,而那些知识性和纯文学的网站却门庭冷落,精英文化知音寥寥。

再次,互联网加深了大众文化的泛化程度。大众的普遍参与是互联网存在和发展的基础,在技术经济条件的许可下,网络的参与主体迅速超出了科研机构和大学校园,而商业主体的介入更是加快了网络的扩散速度。"忽如一夜春风来,千树万树梨花开。"在很短的时间内,大量平面、通俗、缺乏深度、无保留价值但娱乐性极强的大众文化就在互联网上遍地开花。大众文化的恣意扩张将文化中的精英内涵涤荡得残缺不全,甚而导致精英文化的严重贫血和萎缩。互联网快捷的复制和刷新功能使得大众文化更加泛化,流行歌曲、通俗电影、肥皂剧等几乎随取随弃。当人们尽情享受多媒体带来的快乐,在虚拟世界里纵情遨游,四处嚷嚷"我在网上我怕谁"的时候,人文知识分子倡导的真、善、美的精英价值取向,正义、尊严、理想等义正词严的精英理念,在大众文化的喧嚣嘈杂声中被日趋边缘化。

最后,互联网消减了精英文化的话语权。互联网上资源的共享以及信息的互动充分体现了文化上的平等。传统精英文化以"为天地立心,为生民立命,为往圣继绝学,为万世开太平"为标榜,这种旨在教化的文化强势,在网上已逐渐失去其存在的基础。互联网鼓励个性的张扬,鼠标轻点,网民就可以在网上自由地驳斥、抵拒各类强势文化,并且自由地阐述自己的主张。网络的开放性和参与性使精英文化的一元性受到大众文化的多元冲击。精英文化的精致和深刻,明显敌不过大众文化的丰富和敏感,精英文化高高在上的纯粹性在网上越来越不受欢迎。在互联网这样一个承载文化的技术平台上,科技精英们的焚膏继晷,却使人文精英们在日趋式微的情状下倍显尴尬。

(二)自媒体时代短视频文化的建设路径

短视频作为一种新的媒体传播形式,在短时间内发展迅速。与文字、图片等传统信息传播方式相比,短视频具有时长短、形象生动、浏览方便等优点,迎合了媒体时代人们碎片化的浏览习惯。目前流行的短视频时长约一分钟,由移动设备拍摄制作,然后上传到自媒体平台,实现与网友的交流互动。短视频的参与者可以分为生产者和消费者。当消费者越来越享受短视频带来的视觉景观,当短视频涌入媒体时代,我们不禁开始思考短视频传播的意义何在,如何提升短视频的"营养价值"。

1.短视频文化的形成

制作门槛低,每个人都可以成为短视频的制作人和出版者。从文化的角度来看,短视频在网络空间的传播无疑会加剧不同文化之间的交流与互动,促进价值观的传播。在各种平台传播短视频的过程中,其实是人与人之间在互联网上的一种社交活动形式。人们为了扩大影响力,表达自己的欲望和观点,纷纷参加短视频狂欢盛宴。从积极的一面来看,短视频的出现开拓了公众表达和参与文化生活的渠道,对于改变人们的生活状态、拓展人们的生活知识和视野具有重要意义。从消极的一面看,受商业利益等因素驱动,短视频的内容质量难以保证。海量短视频中充斥着虚假信息、低俗思想、中伤、蓄意抄袭等内容,严重危害人们的心理健康,更不利于社会文化的有序建设。

短视频的快速发展归功于几个短视频平台的营销势头,借助现代信息技术实施精准营销,也是短视频文化形成的关键因素。短视频在自媒体平台上的疯狂传播,也得益于背后资本的助推。在商业利益的驱动下,一系列粉丝和水军涌入,加速了短视频的传播和平台的发展,短视频用户数量激增。比如,打造网络名人似乎是一种趋势,通过网络名人吸引粉丝关注、增强用户黏性,不仅为平台创造了可观的收益,也形成了短视频文化扩散的趋势,使短视频文化可以在短时间内获得极大的关注。从外部因素来看,商业因素的注入、计算机技术的应用和营销策略是主要原因;从内在因素看,是群众的娱乐需求和社会的交往需求。置身于网络自媒体环境中,可以暂时缓解压力和现实生活中的烦恼。

2.短视频文化的传播特征

短视频文化的传播具有生活化、娱乐化、放松化的基本特征。从短视频平台可以看到,每天都有数百万条短视频产生,其中泛娱乐化倾向明显。以抖音为例,抖音定位于"记录美好生活"。在生活取向的影响下,用户开始一个接一个地记录生活,每天上传有趣的故事、搞笑的视频和娱乐八卦来赢得关注。虽然每天的短视频量相当大,但搞笑节目是传播内容中比较受欢迎的。近年来,为了适应自媒体时代的发展,传统新闻媒体也加入了短视频传播的行列,这在一定程度上促进了短视频内容的多元化。但总的来说,短视频娱乐化、生活化的倾向还是很明显的,这类视频很容易被传播和扩散。短视频文化传播的轻松特点是短视频内容通常以生活场景为载体,通过设计有趣的内容和语言等,消解人们的紧张和压力。然而,为了获得更多的流量,一些短视频的制作者使用低俗和庸俗的方法来吸引网民的注意力。此外,利用短视频打广告、散布谣言,甚至污蔑国家的情况也不少见,严重背离了大众文化媒体的价值取向。短视频文化的价值取向主要体现在两方面。

第一,媒体时代短视频文化产生和传播的特点短视频之所以能得到越来越多用户的支持,是因为幕后的网络流量对人有吸引力,也来源于人们社会"观看"的精神需求。

第二,自媒体时代短视频文化传播的价值重塑与健康化发展。鉴于短视频在自媒体时代的利弊,加强短视频文化传播的价值重构,推动其朝着健康的道路发展,是一个亟待解决的问题。特别是要避免短视频中对人精神有害的价值观,努力构建积极向上的短视频文化传播体系,具体应注重两点内容。

(1)依托优秀文化,引领短视频文化潮流,短视频文化建设的关键是内容的融合。与其忽视短视频的文化传播价值,不如抓住这一机遇,将优秀的民族文化、传统文化和核心价值观融入,以政府、短视频平台和用户为主体,共同推进短视频文化生态圈建设。首先,政府作为文化传播的主体,应积极倡导和鼓励以短视频形式传播传统文化和时事新闻。在短视频文化传播过程中,政府要做好两方面工作:一是加强对短视频内容和传播形式的综合监管,严格规范短视频行业秩序;二是发挥引领作用,以优秀文化引领短视频文化建设。加强优秀传统文化体系建设,推进其现代化,鼓励人们创新文化传播形式,充分发挥短视频在促进文化传播中的作用。其次,短视频平台及相关企业要自觉传播优质文化,加强对平台内容发布的审核和管理,与传统媒体和投资机构建立合作关系,联合大量优秀文化短视频资源,为其提供推广渠道。文化传播的内容也要改变传统的说教式,以耳目一新、轻松贴近生活的方式或经过专业加工的方式呈现给大众,以更高层次、更高质量的文化内容满足大众的需求。平台在短视频文化生态系统建设中起着关键作用。只有通过大众传播,才能让越来越多的优秀文化进入大众视野,以高质量的文化短视频作品吸引更多的人加入,以"讲好中国故事"为主线,逐步扩大优秀文化对大众的影响力。最后,广大网民是短视频的制作者和观看者,他们的文化传播意识和文化自信有待进一步增强。事实上,在多元文化的影响下,网络名人不再是哗众取宠的代名词,而是一些思想独立、价值观积极的网络名人代表。当前,网络空间应该有更多积极、正面的"网络名人",承担起弘扬核心价值观、丰富人们精神世界的责任,同时也在社会文化传播和建设中发挥着重要作用。网络空间更需要有自我意识、识别信息能力强的网民,尤其是年轻人。要树立引导青少年价值观的责任,坚决抵制网络上流传的一些低俗等没有营养价值的短视频。

(2)建设短视频文化社区,提升公众审美价值。追求各类短视频平台,既是娱乐、生活表达的主渠道,也是当代人表达思想观念的平台。借助短视频平台,可以实现不同年龄段、不同民族、不同地区的人之间的思想交流。同时对兴趣爱好相同的群体也有一定的凝聚作用。因此,要充分发挥短视频文化建设的天然优势,积极打造不同类型、不同主题的文化社区,如青年文化社区、城乡文化交流社区、少数民族文化社区等。以青年文化社区为例,青年群体是短视频的主要受众,像抖音这样的文化产品对他们有吸引力。青少年群体文化尤其需要正面引导,需要通过构建社群来提升青少年对短视频的品位,引导他们追求审美价值。在具体的引导过程中,要坚持以下原则:一要用马克思主义美学价值提升人们的审美境界,广大青年要了解历史和现实,对未来充满信心,对自己的民族文化树立强烈的自信心;二要增强对短视频文化共同体的敬畏感,增强文化传播的严肃性,自觉抵制在网络短视频平台传播低俗信息;三要充分发挥优秀短视频的引领作用,全面提升短视频作品质量和受众审美水平。除了青年文化社区,还可以建立以乡村为主题的乡村文化社区,比如,用短视频发布美丽乡村、乡土文化、自然生态等主题的内容,其拍摄手法和角度要新颖,还要增加内容的趣味性,使人们看完视频后不仅能感到放松,还能体验到乡村文化和民俗风情。

3.构建共同利益联动机制,形成短视频文化传播标准

短视频文化建设的当务之急是解决当前低质量短视频泛滥的问题。媒体时代以来,短视频文化建设机遇与挑战并存。首先,公众应该学会辨别信息。尤其是在互联网时代,人们似乎已经习惯了用手机浏览信息,手机里充斥着各种各样的App。人们在浏览各种应用程序时,会不自觉地花费大量时间。比如,刷短视频App的人可以浏览一上午,但是实际上,没有获得有效的信息。另外,目前一些短视频内容并不完全真实。在信息爆炸的时代,如何识别信息的真实性是一个必备的素质。利用短视频传播谣言,这一现象的治理需要广大网民的参与,充分发挥他

们的监督作用;一旦发现不良短视频,可以向平台或第三方举报。此外,各类短视频平台、运营商和相关部门也可以联合成立辟谣平台收集虚假信息,并利用技术手段禁止传播虚假信息;或者通过第三方评估机构对信息的有效性和真实性进行评估,特别是对于一些科普短视频,要严格按照科学性进行审查。其次,广大网友要树立分享意识。当遇到好的短视频或资源时,可以通过网络平台与他人分享,用正能量的内容去影响他人。在媒体和知识共享时代,短视频文化的重构和健康发展离不开公众的积极参与。

最后,短视频文化建设要体现其优势,充分发挥大众主体作用,实现优秀文化与短视频内容的有机融合。同时,要不断提高人们的媒介素养,加强对不良短视频的监管和审查。

(三)新媒体时代的文化融合

"百花齐放,百家争鸣",这曾是多少代中国文人的文化理想。在新媒体时代,这一理想将一步步成为文化的常态。新媒体挑战了传统媒体,但两者又相互补充、相互融合,在社会传媒的大舞台上演绎着一出出崭新的剧目。历史证明,新技术带来的变革并不会使传统媒体消亡,广播的出现并没有摧毁报纸图书,电视的出现也没有摧毁广播。传播业的每一次新技术浪潮都推动了行业的整体进步,促使各方面互相借力,优化升级。传统媒体的优势突出体现为理论前沿和公信力强。

平等是新媒体的基本精神,新媒体消解了人们在现实中的不平等。由于新媒体的出现,传统的唯我独尊的精英文化必然会受到草根文化日甚一日的挑战。然而,人们看到的往往是草根与精英的对立,似乎二者之间是天然不能相容的,其实,精英和草根是可以相互转化的。新媒体把传播者和接受者融会成对等的交流者,无数的交流者相互间可以同时进行个性化的沟通。占人口绝大多数的草根阶层可以参与到文化的创造与享受中,可以自由地发出自己的声音。更为重要的还在于新媒体是培养新精英的摇篮,它开辟了多条通往精英的新通道甚至快车道,许多潜在的精英可以利用新媒体脱颖而出,而这也正是针对中国学术界腐败侵蚀、论资排辈等弊端的一剂良药。

　　事实上今天的草根也不等于业余。通过自己的博客最先对华南虎照发出质疑的植物学家傅德志说:"谁说网友都是业余的?""草根"两个字所代表的只是言论来源的非权威性、话语权的民间性。某个专业的精英,对于其他专业来说,也许就是草根,"精英"还是"草根",并不取决于其社会地位。挑战精英权威的言论在网络上司空见惯,人们只看重你在网络某个领域中实际的权威和影响力。这样,你只能够在某一个或某几个领域充当精英,在其他的领域只能够算作草根的角色。从这个意义上讲,新媒体的平等精神也使精英的一般地位草根化了。

　　草根挑战了精英,但不排斥精英。其实,作为由亿万个人媒体组成的浩大群体,新媒体说到底还是精英主导的媒体。博客文化由基本文化、时代文化和拓展文化构成。它既是全球同步的文化、全民参与的文化、个性十足的"客"文化,同时也是集大成的文化、强势的文化和增大社会风险的文化。新媒体虽然创造了一个扁平化的虚拟社会,但扁平化不等于平面化。形式平等的新媒体,其内容的影响力和权威性不等,就自然会出现分层。新媒体中的知识精英和政治领袖自然占据了更大影响的上层。系统只有分层才是稳定的,新媒体造就了领域的多样化和动态的扁平化分层结构。

　　当然,新媒体时代的世界大同是实现精英文化和草根文化的融合共存。一方面,草根们敢想、敢说、敢做,积极地尝试和探索,失败了也能一笑而过。很多秉承草根文化的互联网企业就是这样,一个创意就兴起一家公司,最终目标是什么并没有完全想清楚,但是想到做到,一有目标立即下手。要吸引眼球、提高点击量就玩标题党;要拉人气、提升客户黏性就做病毒式营销。为达目的,几乎是无所不用其极,可达到这个目的之后做什么呢? 也许并没有想好,甚至连想都没有想。但就是这些让精英们瞠目的"疯狂""没章法"的行为,在赚取了眼球的同时,也赚取了钞票。另一方面,草根们表演的舞台和空间,恰恰是精英们在制造和保障的。

　　以通信行业为例,电信行业做事情强调要有规划、有规范。业务到底怎么做,要计算 ROI、做投资评估,要经过很多繁复的手续以后才开始实施。规范的企业运作,虽然看起来动作慢,但是一旦动起来势不可当。

越大的事情越要有规范、有计划、有流程。正是这种流程规范、分工明确、各司其职的电信企业，打造了稳定的通信网络，打造了互联网平台，才得以让互联网企业和个人有充分展现的机会。当草根们指责精英缓慢的工作节奏和含糊不清的表态时，是否意识到正是精英文化打造了整个社会运转的基础。草根文化倡导想了就做，甚至做了再想；精英文化一定要想清楚再动。草根文化关注效率是否第一，其作用和价值是为最重要的；精英文化关注整体稳定，在稳定中求发展，在和谐中解决矛盾。草根文化强调快，其次是新；精英文化要求稳，在稳的前提下考虑发展。所以，新媒体时代是传统与现代、精英与草根齐唱共舞，各展风姿的时代。

第三节　媒介文化的数字传播

一、数字传播技术与媒体

数字传播是基于数字媒体的一种全新的信息传播方式，而数字媒体正是基于数字技术的出现而兴起的。数字文化是一种面貌全新的文化形态，它基于计算机网络技术，包括数字出版、数字影音、数字游戏等。数字技术正在对过去以新闻出版、广播影视、文艺文学等为代表的传统文化体系进行改造。从衣食住行的物质消费到精神文化消费，数字技术已开始改变所有中国人的文化生活形态。

（一）数字传播技术

数字技术（Digital Technology）主要是指计算机信息处理技术，即借助一定的设备将各种信息（文字、图片、声音、影像等）转化为计算机能够识别的二进制数字"0"和"1"，然后进行运算、加工、存储、传送、传播和还原。数字化的信息在运算、存储等环节中都要借助计算机进行编码、压缩、解码等。因此，数字技术一般包括数字编码、数字压缩与存储、数字传输、数字调制与解调等。数字技术对人类社会产生了巨大的影响，而与技术进步密切相关的现代传媒业首当其冲。数字技术的出现促使传播技术产生重大变革。

1.数字传播技术的分类

数字传播技术可以从不同的角度进行分类。从传播媒介的角度来看,数字传播技术可以分为数字信息的采集、加工、传输、发布、存储、检索技术和智能处理技术[①]。

(1)数字信息采集技术

数字信息采集技术是指将模拟信息转化为数字信息并输入计算机的技术,或者直接进行数字化信号采集的技术。不同于传统信息采集方式的多元手段,数字信息采集技术需要特定的数字设备作为基础,常用的信息采集工具有扫描仪、数码相机、录音设备、电脑等。扫描仪用于扫描图片和印刷体文字;数码相机主要采集图像信息,同时还兼有摄像功能;录音设备(如录音笔)用于采集音频信息;还可以通过多种软件工具,把来自光盘、网络等途径的信息采集到电脑中,方便利用。例如,文字的输入需要键盘等设备,语音的输入需要录音笔或话筒、声卡等设备,数字图像的采集需要扫描仪或数码相机,数字视频的采集需要数码相机、摄像头等。有时还需要一些相关的软件,例如,语音识别输入技术还需要将语音信息识别转换为文字信息的软件。此外,各种形式的信息都有一定的编码方式(或称信息的格式),如图像有JPEG、GIF、TIFF等格式,视频有 AVI、RMVB、WMV、MOV、MP4、FLV 等格式,信息采集也与信息的编码技术相关。

(2)数字信息加工技术

数字信息加工技术是指利用计算机软件对数字化形式的信息进行加工处理以满足特定需要的技术。例如,用于文字处理的Word软件,用于对图片进行加工处理的Photoshop软件,用于对音频进行编辑的Cool Edit pro软件,用于视频编辑的Premiere软件等,都属于信息加工技术范围。

(3)数字信息传输技术

数字信息传输技术是指利用计算机网络、移动网络等渠道在不同的

① 彭兰.数字媒体传播概论[M].北京:高等教育出版社,2011:3-5.

设备之间进行信息传输的技术。数字信息传输技术,如互联网通信技术、移动通信技术等,是互联网、手机网出现的重要技术基础。

（4）数字信息发布技术

数字信息发布技术指利用数字化的渠道进行信息发布的技术。常见的数字信息发布渠道包括光盘、计算机网络、手机、数字电视等。在这些渠道中,信息以特定的方式发布,例如,信息在网络上以电子邮件、网页、电子报纸、电子杂志等形式发布与传播,在手机平台上以短信、WAP网页、App（应用客户端）等形式进行发布与传播。

（5）数字信息存储技术

数字信息存储技术包括存储的介质技术和存储数据的软件技术两个方面。存储的介质技术,如硬盘、磁带等的制作技术;用来存储数据的软件技术,如信息的编码技术、数据库技术等。

（6）数字信息检索技术

搜索引擎是目前数字媒体中最常见的信息检索技术。搜索引擎是指互联网上专门提供检索服务的一类网站,这些站点的服务器通过网络搜索软件或网络登录等方式,将互联网上大量网站的页面信息收集到本地,经过加工处理建立信息数据库和索引数据库,从而对用户提出的各种检索作出响应,提供给用户所需的信息。例如,全球最大的搜索引擎Google和全球最大的中文搜索引擎百度,都拥有自己核心的数字信息检索技术。常用的中文搜索引擎还有搜狗、360搜索、Bing（必应）、搜搜（SOSO）等。

（7）数字信息智能处理技术

信息智能处理技术以人工智能理论为基础,侧重于信号与信息处理的智能化,包括计算机智能化（文字、图像、语音等信息智能处理）、通信智能化以及控制信息智能化。信息智能处理技术要实现的目标是让计算机自身能够像人一样"读懂"信息的含义,并根据人们的需求来提供后续的处理。例如,能够自动进行不同语言翻译的机器智能翻译技术,使计算机能够"看懂"网页内容的语义网技术等。

2.数字传播技术的特点

在数字技术出现之前,报刊的印刷技术基于铅字排版,广播电视采用的是模拟信号。这些传统技术不仅生产效率低,信息的传播渠道也受到很大限制。以计算机技术为基础的数字传播技术,突破了传统信息传播技术的种种障碍,克服了传统信息传播技术的一些弱点,同时也形成了很多新的传播特点,主要表现在以下方面。

(1)技术获得门槛低

数字技术的基础是计算机技术,它的发展非常迅速。伴随着计算机技术的不断更新换代,技术的成本在不断降低。电脑、数码相机、数码摄像机等产品越来越成为大众化的设备,越来越多的人能够有条件拥有这些设备。数字技术和数码产品在操作、使用方面的简单化、人性化发展,也为普通民众参与数字信息传播提供了条件。

(2)信息制作成本低

数字技术的快速发展使信息的采集、加工、传输等环节的成本不断降低,与此同时,其效率得到很大提高。这既使数字传播在时效性方面要优于传统媒体,也使数字传播的大众化程度进一步提高。

(3)复制与传播便捷

数字信息的一个重要特性就是可以方便快捷地进行复制与传播。这一方面有助于拓展信息传播的广度,另一方面又使得版权的保护变得困难。例如,与传统媒体相比,网络传播中的盗版和侵权现象更为常见,一定程度上正是由于数字信息复制与传播的便捷性。

(4)存储与利用方便

数字信息存储占用的物理空间非常小,相对于现代传统的报刊、磁带等,数字信息的存储介质如U盘、光盘等,体积要小得多,而存储量却要大得多。数字信息存储器有光盘、U盘、SD(Security Data,数据安全)卡、TF(T-Flash)卡等。常见的120型光盘,外观是一张小小的塑料圆盘,其直径不过12厘米(5英寸),重量不过20克,而存储容量却高达600MB。如果单纯存放文字,一张CD相当于15万张16开的纸,足以容纳数百部大部头的著作,而DVD容量为4.7 GB/8.5 GB。更重要的是,数字化存储的信息在循环利用方面具有明显优势。此外,利用数据库技术、搜索引擎技术也可以方便地进行信息检索。

网盘及云存储技术的兴起和发展,进一步凸显了数字信息存储与利用的优势。网盘,又称网络U盘、网络硬盘,是由互联网公司推出的在线存储服务,向用户提供文件的存储、访问、共享及文件管理等功能。网盘可以看作一个放在网络上的硬盘或U盘,不需要随身携带,更不怕丢失。不管是在家中、单位或其他任何地方,只要连接到互联网上,用户就可以对网盘里的文件进行编辑和管理。国内知名的网盘有百度云网盘等。国外知名的网盘有GOGOBOX等。

网盘的存储原理是网络公司将其服务器的硬盘或硬盘阵列中的一部分容量分给注册用户使用。一般来说网盘投资都比较大,所以免费网盘一般容量比较小,一般为300 MB到10 GB。另外,为了防止用户滥用网盘往往会附加单个文件最大限制,因此免费网盘一般只用于存储较小的文件。而收费网盘则具有速度快、安全性能好、容量高、允许大文件存储等优点,适合有较高要求的用户。最新应用的云计算储存技术,为网盘行业带来了新的革命,传统的网盘将逐步被云存储取代。云存储最大的优势在于将单一的存储产品转换为数据存储与服务。云存储是构建在高速分布式存储网络上的数据中心,它将网络中大量不同类型的存储设备通过应用软件集合起来协同工作,形成一个安全的数据存储和访问的系统,适用于各大中小型企业与个人用户的数据资料存储、备份、归档等需求。

(5)双向互动的信息传播

互动是一个侧重于传播学意义的概念,互动性是以数字媒体系统的交互性技术为基础的,是数字化大众传播的显著特征。互动性是指发布者、接收者双方基于数字新媒体交互性而进行的诸如问答、讨论等意见交流、思想沟通的社会建构过程。传统的大众传播以单向传播为主,受众反馈参与的广度与深度都有限。大众传播的"分众化"也只是提供了更适合某类接收者的信息内容,而"交互性"和"互动性"则使接收者对信息内容更有选择权和自主权,甚至给接收者参与内容制作的机会。更重要的是,通过发布者、接收者双方的互动以及接收者与接收者之间的互动能共同决定内容。数字传播平台是真正的双向传播平台,对于数字时代的文化传播工作者来说,需要深入认知受众参与的各种方式及其影响。

(6)多样化的传播模式

基于数字技术的特点,数字信息的传播模式也多样化了。它既可以是点对面的传播,也可以是点对点的传播;既可以是同步传播,也可以是异步传播。信息可以在大众传播、组织传播、群体传播和人际传播等,不同渠道中进行自由的流动。传播模式的多样化意味着影响传播效果的因素增加,传播者需要对信息的传播过程、传播模式和控制传播效果的手段等有更为全面和深入的认识。

(7)信息传播渠道的交叉融合

在信息的数字化进程中,数字传播渠道日益多元,各数字平台之间相互交叉融合,过去存在于信息与其载体之间的"一对一"关系逐渐被打破,媒介融合成为数字信息传播技术的终极结果。文字、图片、音频、视频等信息不再像过去那样在各自的平台上进行孤立的传播,而是汇聚在共同的数字媒体平台进行传播。

同时,信息接收者地位的变化也是数字媒体最显著的传播特点。媒体的发展经历了精英媒体、大众媒体和个人媒体三个阶段。精英媒体时代,信息由少数人生产,少数人消费;大众媒体时代,信息由少数人生产,多数人消费;个人媒体时代,信息由多数人生产,多数人消费,生产和消费界限模糊。个人媒体完全以个人为中心,是个人性和社会性之间的博弈,是真正的点对点的传播方式。个人媒体是数字新媒体时代的产物,博客(网络日志)、微博、播客、微信公众号等是典型的个人媒体,也集中体现了数字新媒体的传播特征,即接收者和传播者的界限模糊,发布者和接收者双方都拥有绝对的自主权。在个人媒体时代,个人就是媒体,人人都是媒体,是所有人面向所有人进行传播。因此,每个人既是接收者,也是传播者,拥有对传播内容、传播方式和传播时间的自主权。数字新媒体传播的网络化、交互性,使信息发布者和接收者的角色极易转换。如今,一个人通过发送手机短信、撰写博客日志、发起网络群聊,就可以在任何时间、任何地点,对任何人进行传播,这些方式都突破了传统主流媒体的话语权壁垒。

（二）数字传播媒体

数字媒体是指以数字信息传播技术为介质的媒体。数字媒体不是一个静态的概念，就其媒体形态而言，它是处在不断发展变化之中的。随着媒介融合进程的加速和深化，过去相对独立的媒体之间的界限越来越模糊，很多数字媒体之间已经出现交叉。数字传播媒体的基本发展方向是数字化、网络化、移动化和融合化。数字媒体可以被定义为计算机技术、网络技术、数字通信技术和文化、艺术、商业等领域相融合的产物。从传播的角度看，数字媒体主要是指依托于数字媒体技术的信息传播渠道、信息传播服务和信息传播方式等。其中，数字信息传播渠道主要有各类光盘、多媒体光盘、互联网、数字电视广播网、数字电信网等；数字信息传播服务则主要有 E-mail、BBS、博客、手机短信、手机电视、Web 网页、数字电视、数字音频广播等；而数字信息传播方式则有广播、组播、单播或点播，以及点对点和多点对多点通信等。

1. 原生的数字媒体

原生的数字媒体是指基于全新的传播技术和相应终端而形成的新媒体。网络媒体和以手机为代表的移动媒体就是目前最典型的原生数字媒体。

（1）网络媒体

网络媒体产品通常被简称为"网络媒体"。网络媒体产品是依托于互联网平台，以电脑、移动终端为载体，以文字、声音、图片等媒体为表现形式，满足人们需求、影响人们思想的各类媒体服务的统称。典型的产品形式有门户网站、搜索引擎、博客、网络游戏等。

计算机网络技术的发展是网络媒体兴起的基础，网络媒体以互联网为技术依托。互联网是计算机网络中的一种，是目前世界上最大的国际互联网络。互联网的雏形阿帕网（ARPANET）于 1969 年诞生于美国，它是美国国防部高级研究计划署（ARPA）的一个实验性网络。阿帕网最初只有 4 台计算机互联，主要目的是用于军事研究，它的初始设想是为了应对核战争时的通信联络。1983 年，阿帕网分裂为两部分，ARPANET 和纯军事用的 MILNET。同时,局域网和广域网的产生与蓬勃发展对互联网的进一步发展起到了重要的推动作用。TCP/IP 协议被指定为互联网的标准协议,不同的网络开始相互连接,真正实现美国的全国性互联网建立,这被认为是全球互联网正式诞生的标志。1991 年,万维网(World Wide Web)及其浏览软件被开发出来。此后,互联网开始向社会大众普及。从 1994 年开始,互联网从科研教育领域向商业性计算机网络转变,一批以搜索引擎服务来吸引用户的商业门户网站开始出现,从而引发了全球性的互联网热潮。

互联网并不等同于万维网,万维网只是一个基于超文本相互链接而成的全球性系统,且是互联网所能提供的服务之一。万维网的主要目的是利用互联网传送超文本信息,包括文字、图像、声音、视频等媒体信息,同时利用超链接将网络中的信息相互连接起来。万维网是无数个网络站点和网页的集合,它们在一起构成了互联网最主要的部分。万维网技术普及后,网络在信息传播特别是大众传播方面的功能日益突出,作为一种媒体的影响也在不断增强。与万维网一起对第一代互联网发展产生重要影响的还有电子邮件、BBS、搜索引擎等技术。2005 年,"新一代互联网"作为一种技术性的概念越来越普及。对于互联网应用技术的变革,人们越来越多地采用了 Web 2.0 这一概念。与 Web 2.0 概念相关的主要技术有 RSS、博客(Blog)、播客、维基(Wiki)、SNS、微博等。

迄今为止,互联网的发展完全证明了网络的传媒特性。一方面,作为一种狭义的、小范围的、私人之间的传媒,互联网是私人之间通信的极好工具。在互联网中,电子邮件始终是使用最为广泛也最受重视的一项功能。由于电子邮件的出现,人与人的交流更加方便、更加普遍。另一方面,作为一种广义的、宽泛的、公开的,对大多数人有效的传媒,互联网通过大量的、每天至少有几千人乃至几十万人访问的网站,实现了真正的大众传媒作用。互联网可以比任何一种方式都更快、更经济、更直观、更有效地把一种思想或信息传播开来。

(2)手机媒体

最初手机是人际交流的工具,但是随着手机技术的发展,它在大众传播领域中扮演的角色也日益明显。手机(尤其是智能手机)的普及性和信息传达的有效性使手机具备了成为大众传媒的理想条件,手机成为报纸、广播、电视、网络媒体之外的"第五媒体"。手机作为集文字、图片、声音、影像于一体的多媒体平台,综合了其他所有媒体的长处。手机媒体是一个带体温的随身媒体,具有全覆盖、强制性、及时性、体积小、携带方便等特性,拥有其他媒体不可比拟的优势和潜力。

从手机技术的发展来看,到目前为止,它共经历了四代技术:1G时代,模拟手机时代;2G时代,GSM数字网络时代;3G时代,宽带移动网络时代;4G时代,高速移动网络时代。5G时代,也即将全面到来。手机媒体的传播形式,从早期的语音通话,发展到短信、彩信、Wap网站、App等方式。手机作为数字媒体重要的终端,其功能已经不再局限于通话,特别是智能手机的出现,手机能下载各种应用程序,于是手机的功能得到了无限的扩展。除了语音通话外,手机的其他传播手段都能实现大众传播的效果。

手机媒体的基本特征是数字化,最大的优势是携带和使用方便。手机媒体作为网络媒体的延伸,具有网络媒体互动性强、信息获取快、传播快、更新快、跨地域传播等特性。手机媒体还具有高度的移动性与便携性,信息传播的即时性、互动性,受众资源极其丰富,多媒体传播,私密性、整合性、同步和异步传播的有机统一,传播者和受众高度融合等优势。从传播角度看,手机媒体可以跨越地域和电脑终端的限制,拥有声音和振动的提示,几乎做到了与新闻媒体同步;接收方式由静态向动态演变,用户自主地位得到提高,可以自主选择和发布信息;信息的即时互动或暂时延宕得以自主实现,是人际传播与大众传播的完美结合。

手机媒体作为以手机为中介,传播文本、视听、娱乐等媒体信息的互动性传播工具,将使传统的传播方式实现突破性创新。手机对传统媒体具有延伸、拓展的作用,如手机报纸、手机广播、手机电视等就是对传统媒体的拓展与融合。手机比电脑更普及、比报纸更互动、比电视更便携、比广播更丰富,集四大媒体的优势于一身,手机媒体带来视听方式和传播模式的革命。除了作为传统媒体的延伸平台之外,手机媒体还可以提供游戏、社区、交易、支付等功能,这些功能对手机媒体的发展也起着重要的促进作用。

2.数字化的传统媒体

面对数字媒体的崛起,传统媒体的数字化转型已是大势所趋。传统媒体只有与数字媒体更好地融合,在传统业务基础上进行改造与突破,才能顺应时代潮流获得新生。

(1)数字化报刊

数字报刊就是将报刊进行数字化处理后供读者使用。数字报刊包括光盘版、网络版、手机版、iPad版、电子书版等形态。把多期报刊的内容制作成光盘发行是数字报刊的一种形式,当然主流还是网络报刊。报刊网络版目前有三种主要方式:一是直接将报刊的内容放到网上,界面采用网站页面的形式;二是采用数字报纸或电子杂志技术,将报刊的版面全部继承下来,内容也是纸质报刊版面的翻版;三是将报刊的版面部分继承下来,内容上不完全等同于纸版内容,网络版报刊更新更为及时,还提供其他内容与服务。

手机报刊主要采用短信、彩信、App等方式进行传播。报刊的iPad版主要是App,也有报刊推出了相应的电子书版本,如Kindle版等。还有不少报刊采用同样的技术在不同的移动终端上实现跨平台通用的数字版,这也是未来数字化报刊的发展趋势。iPad和Kindle这类便携设备的快速发展有可能令面临销量停滞的传统报刊进一步遭遇困境,给众多依靠传统商业模式生存的报刊业带来更大的压力。

(2)数字化广播

广播的数字化主要有三种方式:利用网络平台、手机平台以及数字音频广播(DAB)技术。现有的AM、FM广播电台,在收听过程中易受信号干扰、声音品质差、快速移动时接收效果差,无法提供多媒体广播和数字资讯服务。利用网络平台,广播可以实现跨越时空的传播,不再受广播时间和信号覆盖地域的限制。网络广播弥补了传统广播媒体的线性传播缺憾,同时媒体与受众间的互动性也大大增强。除了利用网络和手机,广播自身的技术进步也在向着数字化的方向发展,DBA就是目前主要的技术。数字广播具有众多优势:音质纯净,可与CD媲美;抗干扰能力强,收听效果好;适合于固定、便携和移动收听,快速移动时接收效果好;除了音频节目,还可以提供数字多媒体广播和数据服务;除此之外,数字广播还有发射功率低、发射带宽使用充分等优点。

(3)数字化电视

数字化电视技术主要表现为IPTV、有线数字电视和无线数字电视等。数字化电视是指电视信号在信息的存储、加工、传输、发射和接收过程中各个环节的数字化。具体传输过程是由电视台送出的图像及声音信号,经数字压缩和数字调制后,形成数字电视信号,经过卫星、地面无线广播或有线电缆等方式传送,由数字电视接收后,通过数字解调和数字视音频解码处理还原出原来的图像及伴音。

IPTV即交互式网络电视,是利用宽带有线电视网的基础设施,以家用电视机作为主要终端电器,通过互联网络协议来提供包括电视节目在内的多种数字媒体服务。用户可以得到高质量的数字媒体服务,有极为广泛的自由度选择宽带IP网上各网站提供的视频节目,实现媒体提供者和媒体消费者的实质性互动。IPTV采用的播放平台能根据用户的选择配置多种多媒体服务功能,包括数字电视节目、可视IP电话、DVD/VCD播放、互联网游览、电子邮件,以及多种在线信息咨询、娱乐、教育及商务功能等。

有线数字电视是利用数字化的有线电视网络来提供广播电视节目、视频内容和其他服务的方式。它其实就是传统模拟电视系统的数字化。目前用户可以通过数字电视机顶盒和现在的有线电视网络来接收数字电视节目。由于采用了数字压缩技术,数字电视提供的频道数量大幅增加,可以高达四五百个频道。有线数字电视清晰度高、音频效果好、抗干扰能力强,可以开展多功能业务,具有娱乐功能、学习功能、炒股功能、信息服务功能、交互功能、远程教育功能、音频广播功能、上网功能等。

手机电视、CMMB电视(中国移动多媒体广播)、DMB(数字多媒体广播)等属于无线数字电视范畴,都是在移动状态下进行电视信号传播。

手机电视就是利用具有操作系统和流媒体视频功能的智能手机接收和观看电视节目。手机电视服务最初是通过采用移动流媒体的方式来实现的,也就是通过移动通信网络,在手机上接收视音频等数字媒体内容,是一种发展潜力巨大的数字新媒体服务。手机电视用户可以通过手机下载数字视频和音乐,收看实时新闻,接受远程教育,召开视频会议以及置身网络交互游戏。

二、数字传播与文化转型

(一)数字传播技术孕育数字文化

计算机技术、通信技术、网络技术的发展,使社会文化的各个方面发生了重大变化,包括社会的物质文化、精神文化、制度文化、行为文化,都显露出新的、不同于以往的特质。社会文化的这种根本性改变意味着一种新型的社会文化形态正在形成和发展,这种全新的文化形态就是数字文化。数字文化是以数字信息技术采集、创造、存储、传播的数字媒介形态文化。数字文化传播是指数字媒介形态的社会文化信息的传递或数字媒介形态的社会文化信息系统的运行。

数字技术的应用催生了一个全新的数字时代。在数字时代,数字信息技术广泛应用于人们生活的各个角落,并促使社会不断发展变化。数字时代的特征是数字技术在生产、生活、经济、社会、科技、文化、教育、国防等领域的应用不断扩大,并取得显著效益。数字技术与各种专业技术的融合,形成了各种数字化专业技术。例如,数字技术与传播技术的融合,形成了数字化传播技术,它既包括互联网、物联网等网络媒体技术,也包括数字报纸、数字期刊、数字广播、数字电视等基于传统媒体而形成的数字传播技术,同时也包含微博、微信等基于手机、网络的自媒体传播技术。与传统的传播技术相比,数字化传播具有传播速度快(具有即时性、同步性与时效性)、传播范围广(具有全球性)、传播信息量大(不受版面、页码、篇幅等限制)等特点。数字化传播的这些特点为文化传播提供了全新机遇,也为文化传播力赋予了数字化内涵。

当今世界正在由工业社会向信息社会转型,信息的收集、处理、管理与传输能力已成为基本国力的重要组成部分。信息的数字化是信息社会的重要特征,数字化信息技术正在改变社会文化的呈现形态,社会文化的数字化、网络化转型成为人类文化的发展趋势,数字文化将逐渐成为文化的主流表达形态。经济发达国家对数字文化与数字媒体传播技术的研究和利用方兴未艾,发展中国家也正在积极涉足这个领域。从我国经济和社会发展的未来着眼,对数字传播技术及其孕育的数字文化相关内容进行研究和把握已成为迫切需要解决的重要问题之一。随着我国信息化产业的发展,传统纸质资料已逐步转型为电子化信息资源,网络化步伐的加快引发了信息时代的爆炸式发展。在信息技术日益普及的国际环境下,传统文化形态的数字化转型已经成为文化发展的必然趋势,数字文化的生产和消费及其数字传播形态也将成为信息时代文化产业的主体。数字媒体产业的发展在某种程度上体现了一个国家在信息服务、传统产业升级换代及前沿信息技术研究和集成创新方面的实力和产业水平。

(二)数字时代文化的数字化转型

仔细观察一下我们身边,当你看到地铁里、公交车上,还有在医院候诊以及在超市排队等待结账的时候,已经有越来越多的人习惯性地拿出手机,听音乐、看新闻、观看视频短片等;则不难理解通过移动终端享受视听服务,已经成为这一代受众(或者称为数字媒介终端"用户"更为合适)的媒介接触习惯。数字文化的出现与信息科学及信息产业的发展密切相关,数字文化的发展离不开信息传播技术和数字技术的支撑。以计算机科学与技术学科为核心的信息和数字技术是促进数字文化业态形成与发展的根本动力,以计算机网络通信学科为核心的数字传播技术将成为文化传播的主要途径。计算机科学与技术学科、计算机网络通信学科的发展,直接决定和推动数字文化形态的形成与发展及其传播。

当前,文化领域正在发生广泛而深刻的变革,我们正处在高速发展的数字时代。数字技术不断创造新的奇迹,不断革新传统文化生产,不断催生新的文化业态,不断改变人们的行为模式,并渗透到人们生活的方方面面。数字化不仅改变了我们日常的生活方式,也对中国文化的国际传播、不同文化类型的交流、交融提出新的挑战。我国明确提出了"文化资源数字化""文化生产数字化""文化传播数字化"的建设工程,并且要加快以数字技术为基础的文化创意、数字出版、移动多媒体、动漫游戏等新兴文化产业的发展。在人才培养方面,提出要加强对外文化交流与合作,抓紧培养善于开拓文化新领域的拔尖创新人才、掌握现代传媒技术的专门人才、懂经营善管理的复合型人才、适应文化走出去需要的国际化人才。社会文化数字化的现实与国家文化改革发展的大势无疑需要高校为社会输送一批高质量、高水平、跨学科、复合型的数字文化传播人才。

由于数字媒体技术不断地被应用在电脑动画、电子游戏、数字电影、网络教育、移动增值、数字出版、虚拟现实和数字创意等领域,以数字媒体技术与文化融合为特征的多媒体产业公司的发展越来越迅速。当前,国家大力实施文化数字化建设工程,改造提升传统文化产业,培育发展新兴文化产业;推动文化遗产信息资源、数字资源开发利用,提升中华文明的展示水平和传播能力;加快现代科技应用步伐,提高公共文化服务的数字化、网络化水平;发挥文化和科技相互促进的作用,加快发展文化装备制造业,以先进技术支撑文化装备、软件、系统研制和自主发展,加快科技创新成果转化,提高我国出版、印刷、传媒、影视、演艺、网络、动漫游戏等领域技术装备水平,增强文化产业的核心竞争力。

日新月异的数字技术已迅猛改变全球传播景观,数字媒体全面渗透到社会、政治、经济、法律与文化结构。作为一种"虚拟的真实"世界,数字媒体的普及带来了社会文化和人们行为方式的深刻改变,信息与文化在全球范围内高速流通,文化消费者同时成了文化生产者,专业人士与非专业人士之间的界线模糊,出现各种不必付费的服务以及新媒体与传统媒体及各种新媒体之间的相互竞争与相互促进现象。数字媒体深化了卡斯特所谓的"网络社会"(network society),重构了社会文化与媒介技术的关系,人们的生活方式越来越由传统的"在场性生存"转向"数字化虚拟生存"。

(三)数字媒介影响文化传播的未来

文化的生命力是依靠传播来体现的,没有传播就没有文化的生命力。从人类文明发展的历史长河来看,任何民族、任何形态的文化都要依赖于传播而存在和传承。没有传播,文化将随文化持有者的死亡而消失。没有传播,便没有文化的增值、同化和重构。美国文化人类学家亚历山大·戈登威泽(Alexander Goldenweiser)认为,在每个民族的文化中,有很大的成分是由传播而来的,而且这一比例可高达90%。这就是说,对于大多数民族或国家的文化而言,独立创造的文化只有10%。人类正是通过使用、控制传播媒介,才使文化得以传承、共享、发展下去,从而极大地促进文化的变迁和发展。

把握数字时代文化传播的新方式,需要构建以数字新媒体建设为核心的现代文化传播战略体系。新媒体是体现在三网融合、物联网、泛在网、云计算、跨媒体、全媒体、超媒体等方面的集成概念,是数字时代科技创新、文化创意、信息传播、经济发展、社会进步的重要驱动力。数字新媒体是文化传播的全新方式,是文化传播内容的重要载体,是引领文化创新及传播的重要平台。我们要把握文化传播的新方式,制定国家文化发展战略,构建以新媒体建设为核心的综合化、立体化、数字化的现代文化传播战略体系。传统的报纸、期刊、广播、电视,还有通讯社、出版社等要从战略高度促进新媒体的发展,推进大众媒体网络化;要拓展数字报纸、电子期刊、网络广播、数字电视、手机报刊等新媒体建设,使数字新媒体成为我国社会主义先进文化的新阵地、文化传播的新平台、人们精神文化生活的新空间。

数字传播技术的发展开创了文化传播的新潮流,微信、微博、博客、播客等,均是新媒体技术催生的新传媒形态,它们具有受众广、影响大、平民化、开放性等特点,它们渗透到人们的日常生活中,并逐渐改变着人们的思想和行为模式。数字时代的文化传播者需要把握这种新型的传媒形态,促进数字技术与文化内容的结合。文化内容是文化传播的基础,文化品牌是传播内容的核心体现。要充分发挥我国的文化资源优势,创建文化精品工程,树立文化传播品牌;要深入研究大众文化心理,创新文化传播技巧和表达方式,展现我国文化发展的新成果;要吸收借鉴国外优秀文化,促进国外优秀文化与国内文化的有机融合。通过构建数字文化传播内容体系,借助跨媒体、跨国际、跨平台的立体传播网络平台,打造我国文化传播的知名品牌。

总之,数字传播媒介是一种社会辐射力很强的文化装置,不仅影响到文化传播的范围、内容及速度,成为文化传播的强大动力,而且数字传播媒介的诸多特点已进入当代文化的深层结构,使当下文化呈现出数字化、媒介化的特征。文化的数字媒介化是"文化与数字传播同质同构"在当代的突出表现。

三、媒介文化的数字传播形态

(一)基于网络媒体的传播形态

今天,互联网带来的变革不仅看不到有丝毫停顿下来的意思,相反还在日益加深。作为一项技术变革,互联网在多个领域产生影响,尤其在传播领域,互联网所促成的变化目前就已经体现出深刻的革命性。承载人类智慧的文字记录、声音记录、行为记录以过去完全没有的速度和广度向各个方向奔跑,从这个角度来理解,网络本身就是一个巨大媒体。

网络媒体的发展之快是前所未有的。从报纸媒介、电子视听,到如今以电磁信号频率为介质的新媒介的兴起,人们获取信息资讯的方式不断改变着对时空的理解。从技术方面来看,互联网的技术革新不但快而且科技含量高。最初的报纸,它需要的只是造纸术和印刷术,而历经数百年,技术上也没有质的革新;广播的原理更加简单,三极管的技术连没有专业技术的一般群众也能制造收发设备,数十年也没有改变;电视的技术水平相对提高,显像管的技术、卫星信号传输的技术、液晶显像的技术,但与互联网的技术革新比起来,还是显得技术含量低、更新速度慢。在互联网技术发展的早期,观念性的理论就在不断地革新和发展,从局域互联、互联网拓扑结构的探索和尝试,从硬件到软件全方位地进行着升级。硬件的存储、处理和传输的升级,软件的细化、功能的升级,计算机语言的丰富化,传输介质的不断升级,计算机的轻小化发展,网络协议的不断完善,个人机的出现,操作系统的出现,无线网络的出现,移动终端的快速发展,一切的技术发展在这短短的几十年悄然改变着世界的发展。就实际生活来看,IP地址的IPv6的发展就在实际生活中进行着,不但说明技术日新月异,也从侧面表现了互联网在短时间内得到了全世界人民的认可、使用和依赖。

网络媒介之所以获得如此巨大的成功,还在于它的表现形式,它不但跨越性地实现了之前所有传统媒介的表现形式,还实现了融合发展,抢占了传统媒介所有的"市场";它实现了文字、图片、声音、视频的多维表现形式,全方位且立体地展示着传统媒介不具备的功能;它还拓展到即时通信、网上购物、股市交易、票务等领域。可以说,如果实现了互联网的全方面覆盖、物联网技术及三网融合,那我们只需要一个移动终端就可以实现我们对生活中很多非物质的应用和控制。

网络媒介的传达力不只是它的表现形式,还包括在它的表现形式下所赋予的新内涵,实现了以前传统媒体不具备的交互功能。用户终于可以参与对内容产品本身的评论和表态,这是以前的传统媒介所不具备的。网络媒体所衍生出来的那些具体形态,如贴吧、论坛、微博、微信等,将受众对于信息传递及其能产生影响的理解力提升到了一个前所未有的水平。受众的这种参与性的提升,使信息传播权利比以前的社会环境更加公正。除此之外,网络媒体的自主化和多维化也是以前的传统媒介所不具备的。当某个人进入某一种网络媒体,就可以相对自由地选择自己要做的事,而之前的传统媒介,选择性就小了很多。在网络媒体中,可以查阅资料、进行网购、与人聊天、看新闻、看视频……它使用户能自主查阅新闻和其他信息,而不再是被动接受传统媒介的硬性推送。同时,网络媒体提供了一条多种角度评述新闻的途径,使评述更具有公平性,不带有偏颇的立场角度,多种角度的评述与传统媒介富有宣传色彩的评述存在很大的不同。

网络媒体更明显的一个特征是它的全面性和实效性。它与传统媒介最大的不同点就是网络媒体可以涵盖所有的信息,而且是近乎于第一时间。通过网络媒体,受众在第一时间获得最新的资讯,同时网络媒体可以记录下所有的信息,将受众意识中带有公共属性的观念暴露于公共场合。这种暴露,为国家机构维护必要的稳定而需要的大数据收集提供了便利,这些特征在传统媒介中是不具备的。报纸的版面、广播和电视的收视时间,都限制着信息的传播总量;而网络媒体在云模式下,信息的可存储空间是无限的,在理论上受众可以获得所有想要的信息。

网络媒体的发展让传媒企业也实现了跨越和升级。互联网媒介不同于传统媒介公司,对于员工的要求不但需要专业化,同时也需要全面化。网络媒体的普及,相对于有线电视和广播信号台,报纸的印刷、运行的费用来说所用资金相对较少,但可以推动更大的、以往传统媒介做不到的资本运作。网络媒体能够在短时间内从各个方面获得巨大的利润。

网络媒体也在悄然地改变着人们的生活。原本没有的网络词汇随处可见,生活中也多了网络音乐、网络事件,人们开始关注以前从未有过的新人群。十年前网络媒体改变了我们的生活方式,使得那一代人只要有电脑就选择坐在电脑旁,在网上尽情地"冲浪",回家的第一件事就是把电脑打开上网。而近些年网络媒体的发展又一次改变了我们的生活方式,现在的人们只要有空闲的时间,甚至寻找空闲的时间,用移动终端接入网络媒体来寻找着自己需求的资源或者打发时间,即使是跳广场舞的大爷大妈也在使用着网络媒体,这样一种深入家家户户的平民媒介,预示着网络媒体将会对当今社会生活方式乃至社会体制带来深远的影响。

当然网络媒体在诸多的优势下也存在各种不足。比如,目前有效监管的困难让舆论引导表现出一种紧迫性,超过道德底线的评论基本不需要付出代价,利用受众心理特征发布不良言论,刻意引导公众产生对政府的负面态度,各类不良信息此伏彼起,对公众隐私的侵害,以及对知识产权的侵害等,都是网络媒体带来的新的社会问题,也都是需要认真思考的问题。辩证地、理性地看待网络媒体,如何促使它在发展中趋利避害,使网络媒体向着更有利于社会进步的方向发展,是社会学和传播学需要共同研究的新课题。

（二）基于社交媒体的即时传播

2020年9月中国互联网络信息中心发布的报告显示,我国网民规模已达9.40亿,互联网普及率为67.0%。社交媒体作为广受欢迎的信息交流平台,在媒介市场中始终占据重要位置。自1994年的第一个互联网BBS(Bulletin Board System即网络论坛)正式上线以来,中国社交媒体迈过了千变万化的20多年。《2020年全球数字化报告》表明,中国社交媒体活跃用户多达9.11亿,且平均每人每天在社交软件上花费88.6分钟,社交媒体已成为人们生活中不可或缺的一部分。截至2020年6月,微信朋友圈使用率为85.0%,QQ空间与微博的使用率分别为41.6%、40.4%,微信朋友圈、微博等主流社交平台长期占据社交媒体市场的大部分流量。

例如,抖音是从2016年的今日头条孵化出来的,它的定位是年轻人记录美好生活的短视频社区。其核心功能是通过设置话题挑战和视听模板,分享15秒的音乐短视频,鼓励用户表达自己。2018年后,抖音迭代聚焦产品的社交属性,朋友之间的互动方式多样化,增加了聊天、表情、图片等功能,个人详情页的展示也增加了不同形式的互动功能。

抖音作为爆款短视频社交媒体应用,主要有以下优势:①创新了用户观看体验。与传统视频应用不同的是,抖音视频播放界面比例高,附加功能都在边缘,让用户可以专注于视频本身;此外,用户切换视频比返回上级菜单更方便。②增强社会属性,增强社区融合感。起初,抖音只是一个短视频的垂直社区。在其发展过程中,用户上传的视频种类不断丰富,与其他用户的互动功能也更加完善。小社区由此发展,用户的黏性和忠诚度大大增强。③基于大数据算法的个性化推荐。依靠强大的算法推荐系统,抖音可以智能分析用户画像,所以抖音针对不同人群有不同的短视频推荐,从而更好地满足用户的个性化需求。

目前短视频社交市场处于快速发展期,垂直领域竞争激烈,商业模式成熟,用户增长放缓,市场竞争结构呈现多元化趋势。在用户资源、内容资源、视频分发策略、营销流动性、新技术布局等方面,平台间存在不同层面的挑战和竞争。从短视频社交媒体的整体行业竞争态势来看,一方面是因为行业越来越热,新平台被吸引并不断涌入;另一方面,由于不同平台之间视频内容和形式的不断融合,存在一定程度的同质化。为了吸引更多的流量,每个平台都注重主体的多样性。同一内容主题,如演艺、游戏、户外等,背后往往是特定的用户群体,而各种平台也在不断地进行内容和形式的竞争。

不过网络虚拟环境为现存各种社会体制均带来大小不同的挑战和冲击,所形成的问题已经成为社会公共组织共同关注和研究的对象。为了减少虚拟性对真实生存环境的负面作用,不少观点提出以真实身份进入虚拟环境的方法。匿名方式交友能够满足一定的猎奇感,但本身所具有的不确定性容易致使信任感缺失,再加之网络社交引发的个案被新闻媒体报道,扩大了受众对网络社交的恐慌感。媒体机构在探索产品的设计时已经注意并规范网络制度,让社交网络以可信任的姿态呈现在受众面前。所以抖音依托"共同联系人""共同朋友"等核心理念,其用户群的发展速度非常令人羡慕。抖音摆脱浅尝式的网络社交,依靠可信任的、真实存在的情感联系,虚拟"部落情境",让人们实现了真实的情感归属,至少是部分的。

网络社交媒体如果能够有效建立自身的责任形象,那么它与传统媒体进行角逐就具备了先决条件。但如何胜过传统媒体则是另外一个问题。社交媒体总结的另一个经验就是"多节点传播"。抖音这类的社交软件在设计之初就能轻松实现"让每一个用户都成为信息的发布者"。保持每个参与者之间话语权的平等是社交软件与网站吸引众多人员的另一个条件。"多节点传播"打破传统媒体议程设置的权限,发表的观点可以被评论,限定的话题可以被越界转发,等等。

与抖音同类型的软件除了有上述功能,还遇到了一个很好的历史机遇,那就是移动终端和移动互联网的迅速普及。在这两股力量的推动下,用手机客户端登录社区的"手机人人"延长和增强了社交软件在网络丛林中的存活度。但在SNS的架构中,并非"中心节点"被取消了,只是被较大程度地非固定化了;随着"中心人物""中心事件"不停转换,中心节点也在不停转换,任何时间、任何网络节点都能够生产和发布内容并随之成为中心节点,只要它能够吸引足够的关注人数。所以,说到底,符合新闻传播条件的"中心人物""中心事件"的数量和质量决定了社交类的软件到底能够走多远。如果"中心"类要素缺乏比较严重,那么作为一个媒体,能走的路就很有限。因为这类社交软件或网站的公共属性要明显大于私密属性。

这点可以从内容发布所引起的若干社会现象来判定。人人网这类社交网站的各个交流圈经常在明争暗斗地追逐话语权。这种追逐可以从道德评判、知识比拼、财富炫耀、阶层高低类比等话题中表现出来,而真正以信任感为基础的社交活动在这些信息面前容易被排挤掉,这会造成一个对社交网站来讲属于负面效应的结果。当公共场合被各种炫耀占领,信息越来越远离多数受众的日常生活而被权力话语劫持的时候,没有或不愿炫耀的受众就会选择沉默或者离开,继而整个网站的用户活跃度降低。这种无形之中树立起来的社交媒体的"秩序"容易让整个网站失去宝贵的资源。在手机媒体上这种效应还会被放大。

手机作为一种精确媒体,可以同时放大社交媒体的公共属性和私密属性,如果不能很好地平衡两者的关系,作为一个需要营利的实体,就随时面临着分崩离析的危险。人人网类社交网站和微博类社交网站就是越来越突显出公共属性挤压私密属性的这个倾向问题。

"微信"的崛起正是得益于人人网类社交媒体的这个突显问题。其推出的"朋友圈"功能,让用户能够更加充分地分享自己生活中的信息。"朋友圈"产生的信息私密度更高,传播黏力更强。

微信的典型特征是通过"朋友圈"和"微信群"两个功能来完成社交信息的核心传递。"圈""群"成员都是账号保有者维系的特定社交目标,在这些范围内,不断输入信息和话题,又不断生产信息和话题,以此来建立和稳固已有的认同和信任。这种做法使微信脱离了电话的单纯对讲功能,而是搭建了一个"熟人"交往平台。

微信的"朋友圈"比其他社交平台更具有私人交往特征。比起微博和人人网,因为微信依托于每部电话中的通讯录,而通讯录是通过社会事件活动而建立起来的,因此"朋友圈"中的成员身份都经过了信任度条件的筛选,一旦进入,其身份基本是透明的,绝大部分关系是真实且双向的,情感和兴趣爱好上有共鸣点,基于图像和文字的表达容易引发互动,彼此交换和分享私人信息,无恶意隐藏,是一种主动的信息传递与接受。成员之间存在较多的信任,再加之表达的内容多属于日常生活的心理感受,话题接驳容易,便于形成良好的互动型人际传播氛围。从信任角度讲,微信所建立的社交关系与脸书网近乎完全自由的信息传播有着明显的不同。微信只针对彼此相熟的关系,这样做的结果就是信息的发布者倾向于分享与之有关联性质的信息,陌生信息对撞发生偶然事件的概率较低,例如,多年失联亲人团聚问题。

微信推广之前,"微博""QQ空间""人人网",它们都有典型的社交功能。特别是微博,表现出较明显的公共媒体属性,即较少的交往成员和较小的社交圈依然可以借助"推广位"进行公共信息传递,比如,社会热点新闻,至少可以维持不冷不热的社交氛围。虽然会有为达到受关注的目的而散播"谣言"的行为,但那些属于带有特定传播目的的特定行为。多数情况下,微博账户持有者在传递信息时容易产生一种天然的媒体责任感,在表达时会相对成熟而理性。另外,微博账号持有者的领地可以相对随意地被陌生者进入,同时微博使用者自己也可以随意性地通过便携移动终端发布或者转载信息。这种"随意性"既可以表现为包容性,也可以呈现出"泛滥性"的面貌。社区、论坛、微博中出现的恶意甚至蓄意的攻击性表达就是"泛滥性"的表现。相比较于这些,微信的"圈子"运行机制更易于维护交往中的稳定性。正是这种"强关系社区"的典型特征,造成了微博类用户日益流向微信"朋友圈"。

(三)数字出版与数字影视传播

数字出版,简单讲是指利用数字技术对传统传媒内容进行编辑加工并通过包括网络在内的渠道进行传播的新型出版方式。与传统的出版方式相比较,数字出版目前所产生的影响主要是依据自身技术上的优势对传统业态所产生的生产方式上的冲击,进而改变传统行业原有的运行轨道。目前数字出版主要包括:手机刊物、网络游戏、网络影像出版、数字报刊、数字音乐出版、数字图书出版、在线教育等。

数字出版的最大特征是其兼容性平台,一旦制作成功即可实现包括网络在内的多介质传播,从而突破过去传播渠道狭窄单一的情况,更加容易找到适合自身的受众群体,并为按需服务的精确传播机制提供可能性甚至前提条件。但早期出版社数字化的重点仅限于将传统纸质出版物简单进行光电扫描,然后制作成PDF等类型的数字文件以实现传播,完全不能发挥其作为出版机构对于内容拥有主动权的核心资源优势。现在一些具有市场意识并有着优质出版资质的机构在数字化面前已经能够紧随公众需求。例如,外研社已经拥有10个左右的分社网站,开发出品质很好的App应用,还不失时机地推出了微信、微博等社交平台的公众账号,着实时髦。再如2014年8月上海译文出版社推出的《新法汉词典》App应用,这是目前国内传统出版机构在数字化面前走得较好的一步。

所有搞出版的人都明白一个道理,人们的阅读需求不会因为技术的革新而减弱,只会随着文字图片等内容的播报方式的改变而发生阅读方式的改变。数字终端的日益低廉、移动互联网的日益普及,人们普遍受教育程度的日益提高,不管是为了获得阅读体验还是为了获得知识和技能,都助推了阅读需求的增加。顺应了技术所带来的改变的适者已经在这方面获得丰厚的回报,例如,腾讯文学成立还不满一年,但已经与国内近300家出版社建立了合作关系,合作双方将各自所拥有的优势资源互补以实现双赢。再加之近两年社交网络的推波助澜,微信平台促使受众对订阅阅读模式的拥抱更加促使腾讯文学快速占领市场。这难道还不足以让传统出版社产生改变自身的想法吗?

对于有着内容资源优势的传统出版社如何走出稳重的、宏观的下一步,国外一些具有专业特色和优质资源并且已经基本完成专业化数字出版转型的出版集团或出版机构值得持续关注。数字出版与传统出版相比较,除了包含内容生产、内容出版,还包括技术支持、阅读设备提供、内容销售等环节。亚马逊公司凭借其网络图书零售优势,将数字出版业务链条进行整合,除了与出版社、图书馆等机构进行合作,还直接与一些作者签约,以此来获得内容方面的资源优势。在此基础上,亚马逊不遗余力地推出了具有专利知识产权的Kindle电子阅读器,将麾下的庞大内容资源嫁接到这个阅读器平台。对于这个新型电子阅读产品,目前市场上还没有能够与之匹配的竞争者。这些经验也许能够为我们提供一些思考和借鉴。

移动终端设备价格和网络接入服务价格持续下降，助推当前网络影视吸收了比院线影视多得多的受众。网络影视相比较院线影视，体现出明显的发展优势——获取价格低廉、获取途径便捷、观看的时间和地点易于操控，这些都是院线影视无法比拟的，因此能够轻易进入消费者视野范围。虽然网络影视无法提供院线影视的震撼视听体验，但在多数情况下受众的阅读体验是愿意牺牲次要因素来满足核心的需要。对于影视观看来讲，故事和表演属于核心要素，视听体验属于次要因素。再加之现在终端设备中的计算芯片速度日益提高，正在一点一滴地提升自身的视听处理能力，部分高端产品甚至在视听功效上已经逼近普通电视机，这就部分弥补了网络影视传播过程在这方面的不足。

数字文化产品应用经过几年的发展和沉淀，目前已经形成6个固定的类型：网络广播影视、手机电视、IPTV、互联网电视、移动多媒体广播电视和公共视听载体。在这些应用中，网络音乐与网络视频占据应用的主要部分。

平台方面，典型的成功案例是苹果公司的iTunes。这个基于网络传播核心理念的数字化通道为传播方和受众方搭建了一个双赢的模式。数字影视和音乐作品的制作者在这里获得了知识产权保护，创作者的智力活动获得了应有的报酬；而消费者则受益于网络传播的优势，得到了优质廉价的音乐、教育及影视产品。在数字文化产品利用网络进行各方都认可的传播方面，iTunes平台起到了很好的示范作用。

内容方面，2010年的微电影创作为网络数字影视的内容来源做了一个很好的探索，它的制作、传播无一不是对网络数字影视发展所做的回应。微电影制作周期短，题材种类不限，成本通常很低，有一些甚至属于零成本，多数也只有几千元到几万元，题材迎合网络受众的消费特性，传播目标明确，题材新颖贴近生活，单集播放时间从几分钟到几十分钟，不仅能够完整地呈现出一个叙事结构且具有可观的艺术表现力，当产品一旦制作完成，就可通过各种网络媒体进行多渠道传播。制作人将来如果能够与社会、文化、企业运营相结合，获得稳定的资本支持，微电影可以向专业化、市场化的方向发展，与网络媒体的结合牢固后即可以进行产业化运营。

第六章　媒介文化认同与文化传播

随着图书、杂志、报纸、收音机、电影、电视、互联网、手机等传播媒介的出现，媒介在文化中扮演的角色日益重要。当代文化实践越来越多地以媒介体验为基础，文化的面貌也越来越多地在媒介构筑的象征性环境中展现。我们可以从以下三个方面来理解媒介在当代文化中的重要地位：第一，当代文化是现代性的文化，"它用发展阶段的等级制编制世界"①，媒介在其传播中扮演着关键角色。媒介使现代性成为一种全球化的特质，从而对地方性文化和知识体系形成冲击，塑造了全球文化在意识形态上的霸权。第二，现代主义并没有真正将世界同质化，"更大的社会认同的分裂伴随着中心的现代主义的衰落"。媒介的发展为不同的文化表述提供了渠道，为对话、分享和记忆提供了新的介质，这就为文化差别的释放和意义多样性的扩张提供了契机，进一步推动了文化的多元化、意义的多重化。第三，媒介是现代国家形塑社会的器具。媒介不仅影响着受众的趣味、喜好、欣赏习惯、生活模式，还具有形塑深层心理文化结构的功能。当代共同体更多的是一种超越地方的、以媒介为中介而非面对面互动的"想象的共同体"（imagined communities）。国家有赖于媒介形成多元统一的共同体文化，与全球文化格局之间形成了富有张力的复杂关系。本章，我们将从媒介与文化认同、文化传播的角度来观照媒介文化。

第一节　从"文化工业"到"文化产业"

生产力对文化、制度等因素具有依赖性，或者说文化、制度等是生产力发展的前提。马克斯·韦伯（Max Weber）将文化同其他社会力量之间

---

① ［英］乔纳森·弗里德曼. 文化认同与全球性过程[M]. 北京：商务印书馆，2004.

广泛而复杂的关系中抽离出来。他认为,倡导禁欲主义的新教伦理促成了现代理性化组织的资本主义的出现。"思想所产生的世界观像扳道工一样,决定了由利益推动的行动的方向。"德国社会学家盖奥尔格·西美尔(Georg Simmel)强调文化对于社会发展的意义不亚于经济。他认为,文化要想实际深入某个群体的话,必须在内容和形式上有足够的可获得性。一个群体只有在能共享文化的基础上才能得以兴盛。他致力于研究现代文化中出现的一些新的现象,如时尚、贸易博览会、高山旅游、妇女的角色转换、现代社会中的性文化动向,以及现代性所导致的多文化倾向等。他研究了现代性的力作——《货币哲学》(1900)就并非像《资本论》那样单纯地分析货币的经济学问题,而是将货币与心理学、精神文化甚至形而上学联系起来,展现"货币对内心世界,对个体的生命力,对他们命运的关联以及对整体文化发挥的效果"。

东南亚诸国的经济发展一直认为被与中国的儒家传统文化有关。弗瑞克(Franke)、马斯特里赫特大学的霍夫斯泰德教授(Hofstede)与香港中文大学庞德教授(Michael Harris Bond)于1991年的研究则显示,文化影响力具有解释经济表现的能力。他们发现文化因素能解释1965—1980年与1980—1987年,50%以上的经济增长表现。

文化的作用还远远不限于此。文化赋予人类存在以意义,它本身就是人类发展的目的。文化的这种双重作用不仅体现在人类与经济增长的关系中,也体现在人与其他事物的关系中,如保护环境、维持传统家庭价值观、保护公民社会基本制度等。文化不仅是服务目标的一种手段,更是形成这些目标本身的社会基础。当我们超遮了工具性的文化观,赋予文化以建设性、决定性和创造性的意义,我们就必须把文化发展纳入到国家发展概念的整体之中。

21世纪之初的中国提出了"和平崛起"的发展战略,后来又提出了"和谐社会""和谐外交""和谐世界"的理念。2004年6月的一期《瞭望》刊文指出,中国和平崛起必然把构建和强化软实力放在重要位置。文章分析认为,人口众多和多民族统一的特点决定了中国必须以多元一体格局的理念和价值观来协调内部关系,增强全社会的凝聚力。中国作为一个负责任的大国,要承担维护世界和平、促进发展的责任,必须具有与世界各国进行沟通的能力。

美国社会营销专家菲利普·科特勒在《国家营销》一书中对波特的国家竞争理论提出疑问,认为竞争力的来源并不完全在于经济的表现,其中应蕴含社会与文化的因素。20 世纪 90 年代初,美国著名国际政治学者约瑟夫·奈(Joseph Nye)首创"软实力"(Soft Power)概念,开启了"软实力"研究与应用的潮流。在不同时期,约瑟夫·奈对"软实力"做出了多种界定。在 1990 年发表的《软权力》一文中,他指出,"同化权力(软实力)是一个国家造就一种情势、使其他国家仿效该国倾向并界定其利益的能力;这一权力往往来自文化和意识形态吸引力、国际机制的规则和制度等资源"。在 2002 年发表的《为何再不能单纯依赖军事力量》一文中,他认为软实力就是"让别人也想要你所想要"的能力;而在 2006 年发表的《软实力的再思考》一文中,他将这一概念定义为通过吸引而非强制或者利诱的方式改变他方的行为,从而使己方得偿所愿的能力。另外,在 2004 年出版的《软实力——世界政治制胜之道》一书以及 2006 年发表的《软实力再思考》一文中,他明确指出软实力的三种主要资源:文化、政治价值观及外交政策。

从发展软实力的战略高度谈论文化,贯穿了文化的两层含义:一是在思想观念、社会习俗、个人生活方式等意义上使用这一概念;二是在文化产业和事业、文化产品的意义上使用这一概念,指文学、艺术、音乐、舞台表演、电视电影、动画动漫、旅游等可以作为产业化运作的对象。文化的两个层面之间具有互利共生、密不可分的联系。

从学界到各国政府,对文化和文化产业之间的关系,以及文化产业价值定位的认识都经历了一段过程。

一、文化工业

1936 年,瓦尔特·本雅明(Walter Benjamin)在《机械复制时代的艺术作品》(*A Work of Art in the Age of Mechanical Reproduction*)中提出了"技术复制文化"的说法。1944 年,阿多诺(Theoder Wistuqrund Adorno)和霍克海默(M.Max Horkheimer)发表《启蒙辩证法》(*Dialectic of Enlightenment*)

一书,将"文化工业"(The Culture Industry)定义为:凭借现代科技手段大规模地复制、传播文化产品的娱乐工业体系。"文化工业"这一概念的提出,凸显了文化产品的标准化与商品化趋势。到了20世纪60年代末期,由于文化、社会与商业的相互渗透前所未见,"文化工业"一词被法兰克福学派及其追随者广泛地用来批判当代文化的局限。

二、文化产业

进入21世纪之后,文化产业成为最有发展前景的产业(或称产业聚集)之一。在新的经济形态下,文化传播的方式和作用都发生了根本的变化,文化具有越来越大的经济含量,而经济采取越来越多的文化形式。文化不仅可以发展成为跨国的经济产业,而且可以透过贸易自由化、生产国际化的方式扩散至其他国家,因此,文化不仅是文化议题,也是重要的经济议题。

随着时代的发展,单数的"文化工业"也逐渐被复数的"文化产业"(cultural industries)所代替。所谓文化产业,即包含那些被称为"文化",且现代科技能予以进行系列再生产的物品。有学者提出文化产业应该具有以下四项主要特征:有大额投资,有系列生产技术,以市场为目的以及资本主导的生产组织形式。基于以上特征,瓦尼耶(Jean Pierre Warnier,2003)将文化产业定义为"能生产及营销包括文本、声音、视觉图像、艺术以及社会成员所具有的禀性和习惯,且自身具有上述不同程度的文化特征的工业"。联合国教科文组织(UNESCO)于1998年将文化产业定义为"运用本质上无形且受到著作权保护的文化内容,综合创造、生产与商品化等方式,提供产品或服务"。叶朗则认为,"文化产业是指从事文化产品与文化服务的生产经营活动以及为这种生产和经营提供相关服务的产业"。

三、文化产业与文化传播

当"文化工业"发展成为"文化产业",人们对文化传播与文化产业之间的关系也有了新的认识。首先,文化产业为文化传播的提升创造条件。文化产业既是一种实力资源,又是一国文化传播的载体。文化产业受益于潜在的文化氛围和资源,从文化中获取养分,反过来也实现着文化传播的影响力和创造力。美国文化的全球传播离不开其发达的文化产业,后起之秀的韩国同样如此。其次,文化传播的提升是文化产业发展的前提。一国文化的吸引力提升会增加国外对本国文化产品的需求,从而拉动本国文化产业的发展,并对相关产业产生辐射带动作用,最终拉动国民经济增长;不仅如此,这一过程还有助于产业结构的调整和经济发展模式的转变,实现持续的经济强大。最后,在这样的时代背景下,就文化发展的目标而言,一方面,各国所追求的目标比以前更复杂多样;另一方面,文化传播的手段及其他各种手段的代价和收益都发生了变化。

文化产业在英国称为"创意产业"(creative industries)。根据英国政府的定义(DCMS,2000),创意产业源于个人的创造力、技术和才能,通过生产开发成为知识产权后,具有开创财富、就业的潜力。英国政府强调个人(individual)的创造力。因此,英国的创意产业囊括了广告、建筑、艺术和古物、计算机游戏、软件和多媒体、手工艺、设计、服饰流行、电影、音乐、视觉艺术和表演艺术、出版、广播和电视以及内容产业(如图书馆、博物馆和画廊)。

法国由于有悠久的文化政策,使用"产业"的概念,着重的是"可复制性"。索罗斯比(Thorsby,2003)认为,文化产业具有的特征包括在生产活动中融入创意、生产与传达象征意义,产品含有某种形式的知识产权。

近些年来,亚洲地区的日本、韩国、中国都开始重视发展文化创意产业。日本政府从2000年开始,在政策方面陆续通过"IT基本法""文化、艺术振兴基本法",成立知识产权策略委员会,通过"知识产权基本法"。2004年2月推出"e-Japan战略 II"加速相关配套措施,同年6月还通过"内容的创造、保护及活用相关法律"。在组织推动方面,日本于2004年12月开始规划成立"映像产业振兴机构"负责产业技术标准的研发,并由东京大学、东京艺术大学、庆应义塾大学与早稻田大学负责人才培训,这一系列产、官、学的合作标志着影像产业的经济价值被日本政府所高度重视。在此之前,日本政府的经费多半使用在振兴传统文化,对现代艺术、现代电影等并未予以重视。中国和韩国这几年来在内容产业上的亮丽表现让日本感受到前所未有的压力。

目前，美国是世界第一大文化产业国，也是全球最大的文化内容输出国。文化产业在1996年已跃居美国最大输出项目，超过其他传统产业（汽车、农业、航天及军事）。日本则是第二大文化产业国，其文化产业规模比电子业及汽车业还大，日本制定内容产业振兴法，将文化产业列为七大战略产业之一。而美国、英国、德国、日本及中国为全球五大文化贸易强国。

四、新媒介与文化传播

目前，文化产业则更多依赖于使用数字化技术的新媒介，各种新媒介也成为文化产业技术升级、传播手段更新的重要载体和手段。

不断涌现的新媒介在产业内部促成了许多新的产业类型和集群。国家统计局2004年出台的《文化及相关产业分类》中所涉及的"音像及电子出版物出版发行""互联网信息服务"等领域与新媒介和数字技术密切相关。同时，数字化技术还引发了传统文化领域的全面升级和转型。

新媒介还促进了文化产业的整合、重构与结构升级。从数字电视、数字广播、数字电影到数字出版等，新媒介改造了传统的文化生产和传播模式，推进了产业升级，延伸了产业链。更重要的是，数字技术促进了广电网、电信网和计算机网的三网融合，使不同文化产业领域在技术上日益趋向一致，在网络层上逐步实现互联互通，在业务层上开始互相渗透和交叉，应用层上使用统一的通信协议。使各种文化资源实现最大程度的共享，如跨越广电与电信的视听业务IPTV、CMMB、流媒介电视等就是三网融合之下而产生的新的产业类型与盈利模式。更重要的是，新媒介也为文化产品的内容传播提供了新的空间和新的途径，形成了新的文化传播形态。依托传统媒介技术的文化工业对文化内容的规模化生产和传播，在一定程度上以牺牲个性化为代价。数字技术则可以在大规模复制的同时实现个性化创作，并给予受众定制收视听的权利。这种由传统的大众传播向分众传播的转移，也产生了与以往媒介文化有所不同的新媒介文化。同时,新媒介还将受众也纳入了文化生产和传播的平台,形成多点对多点的文化传播平台。文化娱乐内容,通过新媒介的传播和消费已经形成了一个较为庞大的市场,它既是技术的进步,也是我们国家文化思想和政治政策进步与优化的佐证之一。

第二节　全球多元文化样态中的文化认同

一、文化认同

文化认同(cultural identity)指个体对于所属文化与文化群体形成的归属感(sense of belonging)及内心的承诺(commitment),从而获得保持与创新自身文化属性的社会心理过程。文化认同的心理机制包括文化比较、文化类属、文化区辨和文化定位四个基本过程(Tajfel,1978,1982,1984;Turner,1987;Hogg,1990)。文化认同影响着个人的社会身份认同和自我认同,是个体获得文化群体的"我们感"(sense of weness)的途径和过程;它引导着人们热爱和忠实于某种文化从而最终将其纳入个人的价值观这一深层的心理结构。因此,文化认同是一种社会整合的巨大的社会心理资源。

关于文化认同,荷兰学者瑞恩·赛格斯(Rien Segers)指出:"某一特定的族群和民族的文化认同只是部分地由那个民族的认同决定的,因为文化认同是一个较民族认同更为宽泛的概念。"所以"通常人们把文化认同看作某一特定的文化特有的、同时也是某一具体的民族与生俱来的一系列特征"这种对文化认同的定义是有问题的。"另一种观点则认为,文化认同具有一种结构主义的特征。因为在那里某一特定的文化被看作一系列彼此相互关联的特征,但同时也有或多或少独立于造就那种文化的人民。将'认同'的概念看作一系列独特的或有着结构特征的一种变通的看法,实际上是将认同的观念当作一种'建构'。"正确地、全面地讲,文化认同应该同时具有固有的"特征"和理论上的"建构"之双重含义。

文化认同的重要性主要体现在:①文化是一种"根",它先于具体的个体,通过民族特性的遗传,以"集体无意识"的形式先天就给个体的精神结构型构了某种"原型"。个体在社会化后,生活于这种原型所对应的文化情境之中,很自然地表现出一种文化上的连续性。即使这种连续性出现断裂,人也可以通过"集体无意识"的支配和已化为行为举止一部分的符号而对之加以认同。②文化认同与族群认同、血缘认同等是重叠的。一个具有历史连续性的文化共同体同时也是一个地缘、血缘共同体,它将人的各种认同融合,避免了这些不同的认同之间因相异特性而发生的矛盾甚至冲突。"文化"的认同特性实际上已嵌入人的存在内核,对这种文化的否定,在心理上已等同于对个体和共同体的存在价值的否定。

如果将文化认同不仅是看作民族固有的特征,而是对认同的重新建构,那么以全球化为背景、以现代性为题旨,思考如何认同与如何建构本民族的文化认同显然具有很大的现实意义。

二、全球化

近年来,文化产业发展普遍受到全球化的影响。"全球化"(globalization)的概念约起于20世纪60年代(Held et al,1999)。一般所指的全球化是以经济全球化为根本动力与基础的,全球往来联系的扩张化、深入化与迅速化。其重点在于互相依赖的程度、距离的影响及时空的压缩。关于全球化的系统研究,早在20世纪80年代就已开始,到了20世纪90年代蔚为大观。

安东尼·吉登斯(Anthony Giddens)对全球化的讨论主要集中在文化多元问题上。他认为全球化并不仅是西方制度不断吞没"他者"文化的全球性蔓延,它也是一种世界相互依存的形式和全球性意识。在媒介全球化和跨国协作的时代,全球化的过程已经有效地改变了社会关系的性质,将它从本土语境中抽离出来,重新定位在巨大无边际的时空之中。而且世界文化的多样性,决定了对现代性的反映肯定也是多元的,涉及非西方的种种概念和策略。

全球化具有开放和多元的特性:一是疆界的开放,消除了国家管制及保护主义的障碍,使国家间相互开放,因此促成快速交易和交流;二是丰富的信息随传播渠道的发展而快速传播,跨越了种种壁垒,形成超越一元的多元形态。

瓦尼耶认为文化全球化指的是"文化产品在全球层面的流通"。文化全球化发展的两大主要派别:一是文化帝国主义(cultural imperialism)或西方文化霸权理论的批判论者,其论述认为媒介文化的流通是帝国的重返或是殖民经验的再生。资本主义强国挟政经与传播优势,透过各类媒介文本与流行商品的大量输入,不仅创造出深广的文化经济依赖,更进一步将其世界与意识形态灌注于本土大众,其最坏的结果将导致文化的同质化;另一派是文化多元主义(cultural pluralism)或跨文化主义,其论述认为媒介文化的流通与其说是殖民再现,不如视为一种全球化与区域化趋势下的必然。而传播科技的变革与多元价值的竞逐,是可以打破资本垄断与殖民神话,并促成文化的异质化或混杂化。

全球化理论在文化层面的讨论特别关注新兴的、强有力的文化产业,如电影、电视、音乐及广告等在全球的传播。许多学者认为全球化与传播关联的议题就是"文化全球化"(Held et al, 1999;Tomlinson, 1999;Lechner & Boli, 2000)。新的信息通信技术和国际媒介使全球文化交流延伸是该领域中最重要的论述之一。近年来,数字化开始实际影响文化产业,以数字技术为载体的内容文化产业迅速崛起。内容产业以创意为动力,将各种文化资源与最新的数字技术相结合,建立了新的生产和消费方式、产生新的产业聚集,并以高科技带动传统产业实现数字化,创造出惊人的经济社会价值。

三、全球多元化与文化认同

马克思(Karl Heinrich Marx)和恩格斯(Friedrich Von Engels)早在《共产党宣言》中指出:"物质的生产是如此,精神的生产也是如此,各民族的精神产品成了公共的财产,民族的片面性和局限性,日益成为不可能,于是有许多种民族的和地方的文学,形成了一种世界的文学。"在全球化的发展情境中,文化不是孤立的,各种不同的文化总是处于相互影响和发展演变之中。

　　全球化和文化本土化之间一直充满自然的交流和不断的冲撞。历史上以儒释道为代表的东方文化,与西方文化曾经有过多次交际。从"五四运动"到中华人民共和国成立之前的这段时期,文化论争非常激烈;从 20 世纪 70 年代末开始改革开放至 21 世纪,文化身份的认同成为非常重要的问题。有人担心,在全球化背景下,原来传统意义上的文化界限是否会消失,最终趋于大同。这种危机感已经现实地存在于中国 20 世纪 90 年代的文化争论中,并导致了出现以保护传统为特征的所谓"新保守主义"或称"文化保守主义"。与全球化会带来文化趋同的担心相反,美国著名政治理论家亨廷顿(Samuel P. Huntington)在《文明的冲突》中则表述了所谓的"文明冲突论"。亨廷顿认为文化认同是由共同的宗教信仰、历史经验、语言、民族血统、地理、经济环境等因素形成的,其特性比起政治、经济结构更不容易改变。随着冷战时代的结束,全球文明不仅没有发生趋同,反而日益分裂为相互冲突的七大文明或八大文明,即中华文明、日本文明、印度文明、伊斯兰文明、西方文明、东正教文明、拉美文明,还有可能存在的非洲文明。他认为,冷战后的世界,冲突的基本根源不再是意识形态问题,而是文化差异方面的问题。

　　人们常说中国文化、日本文化、伊斯兰文化或者西方文化,好像这些文化内部是严丝合缝的,所以彼此之间很容易区分清楚。实际上,文化虽有不同,但都发自共同的根源。一方面,文化认同建立在人类相似的经验之上,而且与其他文化相互借鉴,所以,一些基本的思想在不同的文化中反复出现。另一方面,文化认同是调和全球化压力的一个正常的、健康有益的反映。文化认同发生在不同的文化接触、碰撞和相互比较的场域中,是一种意向性反映,是个体(群体)面对另一种异于自身存在的东西时,所产生的保持自我同一性的反映。联合国前秘书长佩雷斯·德奎利亚尔(Javier Perez de Cuellar)曾经说到"发展是一个远比我们所预料的复杂得多的任务。面对人类辉煌的历史和不可知的未来,发展再也不能被看作一个单一的、整齐划一的、直线型的路径。如果这样做,不可避免地将会忽略人类的文化多样性和不同的文化经验,从而限制人的创造能力……每个民族独特的生活方式都是有价值的,是不可剥夺的权利,同时也代表着责任与机遇"。全球化实际上始终在向两个方向运动：从中心向边缘运动，同时也从边缘向中心推进。文化商品输入时的"本地化"过程非常复杂，且现代传播学与营销学也证实了一种循环反馈的传播模式。任何"文化全球化"只能视为一种过程（或现象），而非结果。这个反复运动的过程消解了人为的单一中心，为多元的本土中心的形成铺平了道路。

在全球多元文化的情境中，当代的文化认同充满交错与混合的多样性。Hall(1992)认为，在全球化的情境中，人们的认同至少会有三种可能的变化，即认同的侵蚀、强化巩固本土文化认同、糅合产出新的认同或所谓"新族群性"(new ethnicity)。亨廷顿与博格提出全球化与本土文化互动的影响有四种可能：全球化取代本土文化、两者共存且没有明显融合、全球一致的文化与特定本土文化融合以及本土文化全力排斥全球文化。

文化多元本身不是目的。认识到多元差异，只是为进一步的对话和合作打基础。蔡美儿(Amy Chua)指出，"按所处时代衡量，历史上所有超级强国在崛起过程中，都是极为多元和宽容的。实际上，在所有事例中，宽容是实现霸权不可或缺的因素。令人吃惊的是，帝国的衰落多次与不宽容和排外结合在一起""因此，要获得全球主导权，宽容是必要条件。"宽容是一种体现于国家政策、制度和文化之中的态度，也是一种价值观。唐代文化气象博大、心胸开阔、仪态轻松，与大胆吸收西域文化、旧传统中融入异质的新成分有直接关系。将文化作为一种战略因素，宽容地在"全球的"和"本土的"之间架起沟通的桥梁，就能够大大提升个人的修养甚至国家的文化气象。

第三节　文化传统与现代性

一、文化传统和传统文化

中国古代并没有"中国文化"这个概念，只是到了晚清时期，西方文化大规模迁进,与之相比较,才有"中国文化"之说。换言之,"中国文化"这个概念,是晚清知识分子自我反省及检讨传统的用语,"中国文化"既包括传统社会的文化现象,也包括传统文化背后的精神连接即文化传统。这里涉及"传统文化"和"文化传统"两个不同的概念。

"传统文化"是指传统社会的文化。"文化传统"是指在传统文化现象中隐含的规则、理念、秩序和信仰,是文化现象的核心和本质,是心理层面和意识层面的内容。

二、现代性

英国当代思想家吉登斯曾对"现代性"做过这样的解释,现代性意指在欧洲封建社会之后所建立,且在 20 世纪日益成为具有世界历史性影响的行为制度与模式。"现代性"大略等同于"工业化的世界"。美国现代化理论研究学者布莱克等人指出,现代性是与传统性相对应的概念,现代性是现代社会的特征,它是社会在工业化推动下发生全面变革而形成的一种属性,这种属性是各发达国家在技术、政治、经济、社会发展方面所具有的共同特征。现代性不仅体现在制度层面,也深入影响了社会的日常生活。

(一)齐格蒙特·鲍曼

早在 1973 年,英国学者鲍曼就出版了《作为实践的文化》。在鲍曼看来,文化就是实践,就是社群或人类处理体验或构造现实的方式。文化模式的功能是创建秩序和方位感,确切地说,文化既营造了社会环境,又影响了这一环境中的人类行为。因此,"社会结构的存在,离不开持续不断的社会实践;正是实践受到了有限的文化模型塑造,社会结构这种特定的存在才成为可能"。经典的社会学概念扩大了社会的体系性和制约性,忽视了主体的能动性和自我意识。鲍曼建议放弃诸如社会、规范团体(阶级或共同体)、社会化这些经典的社会学概念,并主张采用社交(sociality)、栖息地(habitat)、自我建构(self-constitution)这样的概念取而代之。

现代性是鲍曼研究的核心问题。在鲍曼看来,"现代性是一个意识到了自身历史性的时期"，它把自身的合法性、自身的物质和精神产物以及自身的知识和信念都视为临时的，最终要被替代，从而认为新事物取代旧事物是一种进步。鲍曼眼中的现代性至少包括这样的几个维度，即科学技术的发展、国家权力的扩张、事物的不断变化、工作的专业化和生活的理性化。其中：①科学技术的应用是政治、社会、文化和道德进步的主要源泉，是人类控制自然的工具；②现代国家被赋予了先前的统治者从来没有想到过的功能（权力）；③不断变化是现代性的主要特征，变化与自我改进能力是现代性之优势和魅力的最终源泉；④分工和分离是现代性话语永恒的主题；⑤现代生活的诸领域逐渐变得理性化；⑥现代体验的典型特征是西美尔所说的主体文化和客体文化之间的鸿沟日益扩大。

鲍曼后期很少使用"后现代性"这个词，而是将当前的社会状况描述为"轻灵的""流动的"和"液化的"现代性，以区别于昔日的"笨重的""稳固的""固体的"现代性。他指出，现代文化有一种独特的悲剧特征；文化只有在其漂泊中才真正觉得是在家里。在《后现代性及其缺憾》（*Post-Modernity and its Defects*）一书中，鲍曼提出了后现代性的两种类型的人格特征：观光者与流浪者。在此，观光者是后现代性的英雄，而流浪者则是后现代性的受害者。观光者和流浪者的共同特征是，他们都在不断地移动，然而他们移动的原因是不同的；如果说观光者移动是因为他们发现了世界具有无法抗拒的吸引力，那么，流浪者移动是因为他们发现这个世界具有难以承受的冷漠。鲍曼指出，观光者和流浪者都是当代生活的隐喻。鲍曼认为，我们处在一个非规则化的后现代时代，个体自由是至高无上的价值观。在鲍曼看来。现代文明的缺憾源于压抑。即人们在获得某些安全的同时，却失去了自由；后现代性的缺憾源于自由，即人们在得到日益增多的自由的同时，却失去了安全感。没有自由的安全和没有安全的自由都是人类社会的缺憾，在这两种情况下，人们不可能获得稳定的幸福①。

---

① [英]齐格蒙特·鲍曼. 后现代性及其缺憾[M]. 邬建立，李静韬，译. 上海：学林出版社，2002.

(二)安东尼·吉登斯

安东尼·吉登斯对现代性探讨的出发点是其"断裂论"。在《现代性的后果》(*The Consequences of Modernity*)一书中,吉登斯指出:第一,现代性所导致的变迁的绝对速度,其激烈程度是以前的变迁无可比拟的;第二,断裂体现在变迁的范围上,在全球的各个角落都开始与其他地区发生相互联系时,社会变迁的浪潮实际上席卷了整个地球;第三,现代制度的固有本性。在前现代时期,某些现代社会形式(如多元一体的格局体系)全无雏形,其他的事物(如现代城市)则与前在的社会秩序只有一种似是而非的连续性。

断裂的典型表现是时空分离(separation of time and space)。吉登斯指出,所有社会的个体都有关于未来、现在和过去的时间感,每个社会、每种文化都有其特殊的空间感知。总体来说,在前现代社会,时间和空间总是联系在一起的,通常是根据空间来推演时间,而且某个时间总与某个空间中的某个事物相联系。随着18世纪后半期机械钟的出现,时间可以与空间分离开来从而造成"时间的虚化"进而导致"空间的虚化"。"随着时间的逝去和空间的隐遁,在场和不在场交织在一起",在传统社会,人们的活动空间总是受"在场(presence)"支配,即空间和地点总是相一致的。但在现代社会,地点日益变得捉摸不定,人们的交往活动往往在"缺场(absence)"中完成,时空的虚空为社会活动中的时空重组提供了坚实的基础。"一张火车运行时刻表,初看起来似乎仅是一张临时图表,但实际上它是对时空秩序的规划,它表明火车在什么时间到达什么地点。正因为如此,它才许可火车、乘客和货物之间的复合调整穿越广袤的时空轨道。"

时空的分离导致了社会体系的抽离(disembedding)。在吉登斯看来,抽离化即为将抽去社会关系的现实情景在不确定的时空距离上重新加以组合的过程,这是造成现代性时空分离的关键性因素。"社会关系从地方性的场量中'挖出来'(lifting out)并使社会关系在无限的时空地带中'再联结'。"确切地说,这种"挖出来"就是他所说的"抽离化"。吉登斯用抽离代替进化,主张抽离化机制有两种表现形式,一是"象征标志"

（symbolic tokens），指相互交流的媒介将信息传递开来，用不着考虑任何特定情境下处理这些信息的个人和团体的特殊品质，象征标志可以划分为不同种类，如语言、权力、货币等；二是"专家系统"（expert systems），即由技术成就和专业队伍组成的体系，这种专家系统无孔不入，并不局限于专门的技术知识领域，它会延伸到社会关系和各种自我的亲密关系上，构成了我们今天所身处的自然和社会环境的主体。这两者都是借助于抽象而达到一般性或普遍性的，因此，吉登斯又将其统称为抽象系统（abstract systems）。在现代社会，可以借助于抽离化机制来为人们提供预期的"保障"，由于这种保障是建立在外行人员对于系统本身的信赖而非系统中"专家"的"道德品质"的信赖基础之上，这种信任关系自然"就存在着不稳定性和多变性"，并有可能引发出一系列的心理问题。

　　吉登斯将信任与信心进行了区别，他认为，信任是信心的特殊类型，是事先意识到风险存在的信心，信任指的是"对一个人或一个系统之可信赖性所持有的信心，在一系列给定的后果或事件中，这种信心表达了对诚实或他人的爱的信念，或者，对抽象原则（技术性知识）之正确性的信念"。在吉登斯看来，现代性条件下的信任主要发生在以下两种情况：第一，它并不是发生于原有的或自然作用力影响之下的，而是发生于人为创造的条件下；第二，在社会制度维度的推动下，人类活动范围会变得越来越广，信任才得以存在。因为只有在这些条件下，个体才能面对象征符号和专家系统，也才能因此而敢于涉足自己一无所知的领域并遵守其运行规则。于是，吉登斯引出了当面承诺和非当面承诺，指出前者是在共同在场的情形中，由早已建立起来的社会关系所维系的信任，后者是包括象征标志和专家系统在内的抽象系统而发展起来的信任。

　　在现代社会里，人们更多的是从专家系统中获得生存保障。这一方面为时空的延伸创造了条件，另一方面，又让"怀疑"成了当代世界的一种一般性的生存策略和应对维度，权威之间的相互竞争也成了常态，自我也被反思性地产生出来，现代性也就成为一种风险文化。风险让人们缺乏安全感，产生了焦虑。与此同时，抽离化机制将个人经验的许多部分发展为专业技术，个人再无法依据传统或习俗的力量对事物做出决定,但是,专家的意见在不同情境下也颇有歧义,让人们感到无所适从。正因如此,"自我认同"才成为人们日益关注的焦点。

三、现代性中的文化传统

在传统和现代性中,并不是所有的因素都是好的方面:传统中的停滞、压迫、惰性、特权等,现代性中人际关系的淡漠、排斥、各种社会反常现象,以及身份感和归属感的缺失,等等,都是不利因素。在一个飞速发展变化的世界中,个人和群体所面临的最大问题是,如何在不否定传统价值观的前提下不断地促进和适应这种变化。在开阔视野,探索充满多样性的世界的同时又不必失去他们的文化认同感和归属感。

费孝通先生于 1997 年提出了"文化自觉"的命题,指出:"生物的生和死,它有它自己的规律,它有它自己的基因,也就是它的种子……种子就是生命的基础,没有了这种能延续下去的种子,生命也就不存在了。文化也是一样,如果要是脱离了基础,脱离了历史和传统,也就发展不起来了。因此,历史和传统就是我们文化延续下去的根和种子。"

"文化传统"也不是一个凝固的概念,在文化传衍中"传统"会不断被赋予新的内容,逐渐地融入现在,成为活着的传统。费先生指出"生活在一定文化中的人对其文化有'自知之明',明白它的来历、形成的过程,所具有的特色和它发展的趋向;自知之明是为了加强转型的自主能力,取得决定适应新环境、新时代文化选择的自主地位"。费先生还提出,对于传统不仅要继承,还要创新,"因为传统失去了创造是要死的,只有不断创造,才能赋予传统以生命""创造一个新的文化发展,也就是以发展的观点结合过去同现在的条件和要求,向未来的文化展开一个新的起点"。

无论对于个人还是人类群体来说,发展都是一种蕴含强烈的精神和道德内涵的现象。从和平崛起到和谐社会的构建,文化认同都是题中应有之义。因为它也不仅是一个认同的问题,它也包含重新建构的问题,即如何在新的历史背景下实现传统儒学的现代性转型,以确保进入世界新文化的问题。

文化认同激发了人们对文化进行保护和更新的渴望。然而,不通过可视可感的方式证明文化的创造性和想象力,文化认同只是一种空洞的说教。近些年来,在政府的推动下,中国文化产品加快走出国门。中俄文化年、中日文化体育年、中韩文化年等,一系列文化互访和交流活动络绎不绝,一批优秀节目也成功在海内外推广,电影、出版、演出、动漫等产业也逐渐融入世界潮流。相关的研究已经证明,积极的文化表达可以强化文化认同、激发社会能量,消除自卑心理和排外疏远心态;促进主体意识的觉醒,充分发挥创造性和创新能力;培养民主交流与社会和解,应对文化差异的挑战;并通过商品和服务的生产,直接参与经济活动。当今世界,单纯靠维护传统无法保持自己的文化身份,也无法改变自己的命运。只有走向世界,才是本土文化生存发展的必由之路。通过把中华民族的智慧、知识和传统与社会进步结合起来,才能完成中华民族伟大复兴,建设一个面貌一新、充满活力和创造力的新世界。

改革开放以来,中国的文化产业伴随着市场化的进程有了长足的发展。这种深刻的结构变革导致了两个结果:一方面以媒介文化为中心的文化生产和消费机制已经形成,媒介文化消费取向在一定程度上支配了文化的趋势。诸如流行音乐、电影"贺岁片"、时尚性杂志等文化形态已经彰显了市场的活力。另一方面,随着市场化带来的社会分层,文化方面的分层也已经出现,各个不同阶层和利益主体的文化趣味也开始在文化中发挥影响和作用。如中等收入阶层随着中国经济的高速成长而崛起,他们的文化品位与取向也成为一种重要的文化选择。目前,文化产业形成了比较复杂多样的趣味和选择空间,使多种文化形态得以共生发展。

中国文化产业还存在着许多问题和挑战,比如,中国文化产业的总体规模与巨大潜在消费能力相比仍然偏小,产业发展和产品提供没能够充分满足人们的消费需求;又如,不同区域和地方之间文化产业发展的差距有进一步加大的趋向;还有,中国文化产业发展面临的最大挑战在于如何"走出去";中国文化产品的输出和输入的不平衡问题非常明显。虽然我们悠久的文化传统和当代媒介文化创造的活力不可低估,但是不得不承认,我们还没有创造出和经济力量相匹配的文化力量,在全球文化传播中仍处于相对的弱势地位,且面临着相当巨大的挑战。中国有着悠久灿烂的文明,但是要将我们丰厚的文化资源真正转化成为当代媒介文化内容,还有很多的工作要做。中国的文化产业也存在着技术进步与文化内容之间的矛盾,要改变这种被动的局面,需要我们大家用智慧,借助各种新的媒介技术,以产业化为手段,通过更新文化生产和传播模式来实现。

中国文化产业应有分割和重组世界文化产业结构的抱负和气魄,力求做出世界性的媒介文化产品。这就要求我们一方面为高端的中华文化核心价值的发扬以及将它们转化为普世性的价值做工作;另一方面对媒介文化进行研究和推广,增加文化产品的创新性和亲和性,从而实现一个充满魅力的"中国梦"。面对国际文化传播竞争,中国文化产业还要充分借助新媒介的传播力量,借助于现代工业化的生产能力,才能够大规模地生产,并持续地发挥影响。

参考文献

1. [英]雷蒙·威廉斯. 关键词:文化与社会的词汇[M]. 刘建基,译. 台北:巨流图书公司,2003:78.

2. [英]戴维·钱尼. 文化转向[M]. 戴从容,译. 南京:江苏人民出版社,2004:2.

3. [德]奥斯瓦尔德·斯宾格勒. 西方的没落:上卷[M]. 齐世荣,译. 北京:商务印书馆,1991:39.

4. 於红梅. 批判地审视媒介文化研究:基于2009—2011年媒介文化研究的评述[J]. 新闻大学,2011(2):137-144.

5. 陈龙. 传媒文化研究[M]. 北京:中国人民大学出版社,2009:2-7.

6. 蒋原伦. 媒介文化十二讲[M]. 北京:北京大学出版社,2010:9.

7. 于德山. 当代媒介文化[M]. 北京:新华出版社,2005:16.

8. [美]斯蒂文·小约翰. 传播理论[M]. 陈德民,叶晓辉,译. 北京:中国社会科学出版社,1999:413.

9. [德]马克斯·霍克海默. 批判理论[M]. 李小兵,译. 重庆:重庆出版社,1989:5.

10. 朱立元,李钧. 20世纪西方文论选(上卷)[M]. 北京:高等教育出版社,2002:683.

11. 潘知常,林玮. 大众传媒与大众文化[M]. 上海:上海人民出版社,2002:65.

12. [德]霍克海默,[德]阿多诺. 启蒙辩证法[M]. 洪佩郁,蔺月峰,译. 重庆:重庆出版社,1990:115.

13. [德]霍克海默,[德]阿多诺. 启蒙辩证法[M]. 洪佩郁,蔺月峰,译．重庆：重庆出版社，1990：147.

14. [德]哈贝马斯．公共领域的结构转型[M]．曹卫东，王晓珏，刘北城，等译．上海：学林出版社，1999：222.

15. 石义彬．单向度、超真实、内爆：批判视野中的当代西方传播思想研究[M]．武汉：武汉大学出版社，2003：34.

16. [德]霍克海默，[德]阿多诺．启蒙辩证法[M]．洪佩郁，蔺月峰，译．重庆：重庆出版社，1990：134.

17. [美]赫伯特·马尔库塞．单向度的人：发达社会的意识形态研究[M]．张峰，吕世平，译．重庆：重庆出版社，1988：45.

18. 刘海龙．大众传播理论：范式与流派[M]．北京：中国人民大学出版社，2008：304.

19. [加]文森特·莫斯可．传播：在政治和经济的张力下[M]．胡正荣，等译．北京：华夏出版社，2000：144.

20. 潘知常，林玮．传媒批判理论[M]．北京：新华出版社，2002：185.

21. 潘知常，林玮．传媒批判理论[M]．北京：新华出版社，2002：151.

22. [英]尼克·史蒂文森．认识媒介文化[M]．王文斌，译．北京：商务印书馆，2001：24.

23. 蒋晓丽，石磊．传媒与文化：文化视角下的传媒研究[M]．北京：华夏出版社，2008：112.

24. 罗钢，刘象愚．文化研究读本[M]．北京：中国社会科学出版社，2000：113.

25. [美]约翰·费斯克．理解大众文化[M]．王晓珏，宋伟杰，译．北京：中央编译出版社，2001：28.

26. 张国良．20世纪传播学经典文本[M]．上海：复旦大学出版社，2003：432.

27. [法]罗兰·巴特．神话：大众文化诠释[M]．许蔷蔷，许绮玲，译．上海：上海人民出版社，1999：220.

28. 朱立元，李均．20世纪西方文论选（下卷）[M]．北京：高等教育出版社，2002：158.

29. [美]杰姆逊. 后现代主义与文化理论[M]. 唐小兵,译. 北京:北京大学出版社,1997.

30. [法]鲍德里亚. 消费社会[M]. 刘成富,全志钢,译. 南京:南京大学出版社,2000:78.

31. 许正林. 欧洲传播思想史[M]. 上海:上海三联书店,2005:494.

32. 汪民安,陈永国,马海良. 后现代性的哲学话语:从福科到赛义德[M]. 杭州:浙江人民出版社,2000:308.

33. [美]杰姆逊. 后现代主义与文化理论[M]. 唐小兵,译. 北京:北京大学出版社,1997:162.

34. [法]皮埃尔·布尔迪厄. 关于电视[M]. 许钧,译. 沈阳:辽宁教育出版社,2000:85.

35. 金元浦. 文化研究的视野:大众传播与接受[J]. 天津社会科学,2000(4):102-104.

36. [加]伊尼斯. 传播的偏向[M]. 何道宽,译. 北京:中国人民大学出版社,2003.

37. [加]麦克卢汉. 理解媒介:论人的延伸[M]. 何道宽,译. 北京:商务印书馆,2005.

38. [美]尼尔·波兹曼. 技术垄断:文化向技术投降[M]. 何道宽,译. 北京:北京大学出版社,2007.

39. [法]福柯. 必须保卫社会[M]. 钱翰,译. 上海:上海人民出版社,1999.

40. [法]福柯. 规训与惩罚[M]. 刘北成,杨远婴,译. 北京:生活·读书·新知三联书店,2003.

41. [英]凯文·奥顿奈尔. 黄昏后的契机[M]. 王萍丽,译. 北京:北京大学出版社,2004:73.

42. [美]道格拉斯·凯尔纳. 媒体文化:介于现代与后现代之间的文化研究认同性与政治[M]. 丁宁,译. 北京:商务印书馆,2013.

43. 周宪. 福柯话语理论批判[J]. 文艺理论研究,2013(1):121-129.

44. 张一兵. 从相似到表象:走向大写的构序:福柯的《词与物》的构序论解读[J]. 辽宁大学学报(哲学社会科学版), 2013,41(5):9-14.

45. [德]黑格尔. 精神现象学(下卷)[M]. 贺麟,王玖兴,译. 北京:商务印书馆,1997:216.

46. 彭兰. 数字媒体传播概论[M]. 北京:高等教育出版社,2011:3-5.

47. [英]乔纳森·弗里德曼. 文化认同与全球性过程[M]. 北京:商务印书馆,2004.

48. [英]齐格蒙特·鲍曼. 后现代性及其缺憾[M]. 郇建立,李静韬,译. 上海:学林出版社,2002.